Controlling
und Ethik-Unterricht

Controlling und Ethik-Unterricht

Beiträge und Übungen
zur Organisationsethik
(Band 2)

von
Dr. Thomas Faust

**2., grundlegend überarbeitete
und erweiterte Auflage**

*Bibliografische Information
der Deutschen Nationalbibliothek:*

*Die Deutsche Nationalbibliothek verzeichnet diese
Publikation in der Deutschen Nationalbibliografie;
detaillierte bibliografische Daten sind im Internet
über http://dnb.dnb.de abrufbar.*

© 2017 Dr. Thomas Faust

*Herstellung und Verlag:
BoD – Books on Demand, Norderstedt*

ISBN: 978-3-7431-3987-9

Der Autor geht davon aus, dass die Angaben, Daten und Informationen in diesem Werk zum Zeitpunkt der Veröffentlichung vollständig und korrekt sind. Der Autor übernimmt jedoch keinerlei Gewähr für den Inhalt des Werkes, etwaige Fehler oder Äußerungen. Die Wiedergabe von Warenbezeichnungen, Gebrauchs- und Handelsnamen etc. in diesem Werk berechtigt auch ohne eine besondere Kennzeichnung nicht zu der Annahme, dass solche Namen und Bezeichnungen als frei im Sinne der Warenzeichen- und Markenschutz-Gesetzgebung zu betrachten wären und daher von jedermann benutzt werden dürften.

Vorwort

Vorwort zur zweiten Auflage

Die erste Auflage dieses Buchs war auf dem Markt der Wirtschafts- und Unternehmensethikliteratur recht erfolgreich. Der Autor möchte sich auf diesem Weg zudem für die Hinweise und Anregungen bedanken, die ihm zu diesem Werk zugegangen sind.

Nun wird nach gut einem Jahr die Gelegenheit genutzt, eine grundlegend überarbeitete und erweiterte zweite Auflage des Buchs herauszubringen. Auch zu diesem Werk sind Fragen und Hinweise herzlich willkommen. E-Mail: tf100(at)gmx.net

Die vorliegende Auflage ist in einer verbesserten Einband- und Papierqualität erschienen. Hierdurch konnten u. a. einige der Abbildungen übersichtlicher gestaltet werden. Ferner wurden die beiden Fragenkataloge ausgebaut und ein Stichwortverzeichnis eingefügt. Außerdem sind aktuelle Beispiele und neue Literaturhinweise zu den behandelten Themen integriert worden.

Neu hinzugekommen ist bei dieser zweiten Auflage auch ein Verzeichnis mit wichtigen Internet-Ressourcen zur Organisationsethik. Leser erhalten somit zielgerichtete Hinweise auf Recherchemöglichkeiten zu weiteren (aktuellen) Aspekten der angesprochenen Themenfelder.

Schließlich ist das Buch neben der klassischen Print-Version nun auch als E-Book verfügbar. Der Autor verbindet damit die Hoffnung, dass das Buch sich hierdurch neue Leserkreise und alternative Einsatzoptionen erschließt.

Hagen (Westf.), März 2017 *Thomas Faust*

Vorwort zur ersten Auflage

Seit Veröffentlichung des ersten Bands dieser Buchreihe ist fast ein Jahr vergangen. In dieser Zeit ist die Organisationsethik noch mehr in den Fokus des allgemeinen Interesses gerückt. Insbesondere auch der Bereich der Verbände und Non-Profit-Organisationen wendet sich nun diesem Thema zu. Ursachen hierfür sind u. a. fragwürdige Vorkommnisse, die 2015 von dort an das Licht der Öffentlichkeit gelangten, insbesondere von bedeutenden Sportorganisationen.

Aber es mehren sich auch die Bestrebungen, fragwürdigen Handlungen und Missständen Einhalt zu gebieten – sei es durch Aktivitäten von Nichtregierungsorganisationen (NRO) oder durch internationale Übereinkünfte, etwa zum Schutz von persönlichen Daten und unserer natürlichen Lebensgrundlagen.

Vor diesem Hintergrund widmet sich der erste Beitrag dieses Bands dem Controlling im Kontext der Organisationsethik. Er ist auf der Basis von Impulsen entstanden, die ich durch den Gesprächskreis „Unternehmensethik in der Praxis" an der Akademie Rabanus Maurus, Frankfurt am Main, erhalten habe. Für anregende Diskussionen danke ich vor allem Frau

Prof. Dr. Gotlind Ulshöfer, Tübingen, und Herrn Dr. Georg Horntrich, Frankfurt am Main.

Der zweite Beitrag befasst sich mit dem aktuellen Thema Whistleblowing. Inspiriert wurde er durch das Projekt „ethos – Wirtschafts- und Unternehmensethik in der ökonomischen und politischen Bildung", zu dem ich zwei Lehr- und Lernbausteine beisteuern durfte. Für wertvolle Hinweise geht ein herzlicher Dank an Herrn Prof. Dr. Tilman Grammes, Hamburg, Herrn Prof. Dr. Thomas Retzmann, Essen sowie Herrn Prof. Dr. Hansrudi Lenz, Würzburg.

Die beiden Beiträge werden jeweils durch einen Fragenkatalog inklusive Lösungs- und Literaturhinweisen komplettiert. Auf dieser Basis kann eine gezielte Wiederholung und Vertiefung der behandelten Themenfelder erfolgen. Insoweit schließt das Werk nahtlos an die Konzeption des ersten Bands dieser Buchreihe an.

Rückmeldungen, Kritik und Anregungen zu dem Buch sind jederzeit herzlich willkommen. E-Mail: tf100(at)gmx.net

Frankfurt am Main,
im Februar 2016 *Thomas Faust*

Inhalt

Inhaltsverzeichnis

Vorwort zur zweiten Auflage.............................7

Vorwort zur ersten Auflage................................9

Inhaltsverzeichnis..13

Abkürzungsverzeichnis....................................19

Controlling, Ethik und Integrität – Perspektiven des Performance Measurement........................23

1 Controlling und Unternehmensethik............................24

   1.1 Controlling-Konzeptionen......................................25

   1.2 Unternehmensethik und Integrität.........................27

      1.2.1 Die Konzepte von Homann et al. und Ulrich et al................................27

      1.2.2 Das Konzept von Paine...............................29

   1.3 Zum Verhältnis von Controlling und Integrität.......31

   1.4 Integritätscontrolling...33

   1.5 Weiteres Vorgehen..36

2 Integritätsdefizite: ein Drei-Ebenen-Modell.................37

2.1 Empirische Befunde..................39
2.2 Integritätsdefizite: das Beispiel Korruption............40
   2.2.1 Ursachen von Korruption..................41
   2.2.2 Schäden durch Korruption..................42
   2.2.3 Synopse..................43
3 Integritätsmanagement und Controlling: die Meso-Ebene 45
   3.1 Risikomanagement und integritätsorientierte Organisationsentwicklung..................46
   3.2 Integritätsfokussiertes Personalmanagement..........50
   3.3 Performance Measurement..................53
      3.3.1 Nicht-monetäre Kenngrößen..................54
      3.3.2 Monetäre Kenngrößen..................55
4 Persönliche Integrität und Selbstmanagement: die Mikro-Ebene..................55
   4.1 Tugenden und persönliches Ethos..................56
   4.2 Performance Measurement..................61
      4.2.1 Allgemeine Kenngrößen..................62
      4.2.2 Spezifische Kenngrößen..................66
5 Integrität in der Rahmenordnung: die Makro-Ebene.....67
   5.1 Aktivitäten in Staat und Zivilgesellschaft..............68
   5.2 Performance Measurement..................70
      5.2.1 Allgemeine Kenngrößen..................70
      5.2.2 Spezifische Kenngrößen: BPI und CPI..........71
6 Ausgestaltung des Integritätscontrollings..................73
7 Integritätscontrolling – ausgewählte Spannungsfelder. .76

  7.1 Reliabilität versus Validität....................76

  7.2 Transparenz versus Datenschutz............................77

  7.3 Zweck- versus Wertrationalität..............................78

8 Zusammenfassung und Ausblick....................81

Fragen zur Übung und Vertiefung..........................85

Lösungshinweise zu den Fragen............................88

Literaturhinweise..91

Wirtschafts- und Unternehmensethik-Unterricht: das Beispiel Whistleblowing........101

1 Einführung..101

  1.1 Aktuelle Herausforderungen...............................102

  1.2 Leistungsfähigkeit des Wirtschafts- und Unternehmensethik-Unterrichts............................104

2 Zum Phänomen Whistleblowing...................106

  2.1 Begriff und Kontext............................107

  2.2 Individualethische Gesichtspunkte......................111

  2.3 Strukturelle und prozedurale Aspekte..................112

  2.4 Whistleblower-Situation: Deutschland versus USA............................116

  2.5 Legitimität des Whistleblowing............................119

  2.6 Neue „Orte" der Ethik...122

    2.6.1 Die Seite der Arbeitnehmer............................122

    2.6.2 Die Seite der Arbeitgeber................................123

3 Whistleblowing im Wirtschafts- und Unternehmensethik-Unterricht..125

3.1 Whistleblowing und die Prinzipien
wirtschaftsethischer Bildung 126

   3.1.1 Kontextualität 126

   3.1.2 Historizität 127

   3.1.3 Komplexität 128

   3.1.4 Kontroversität 129

3.2 Unterrichtsziele 130

3.3 Lernvoraussetzungen 133

3.4 Lehrvoraussetzungen 135

3.5 Unterrichtsablauf und -materialien 139

3.6 Zusammenschau 142

4 Fazit und künftige Herausforderungen 144

Fragen zur Übung und Vertiefung 149

Lösungshinweise zu den Fragen 152

Literaturhinweise 155

Internet-Ressourcen zur Organisationsethik 165

Stichwortverzeichnis 175

Der Autor 181

Abkürzungen

Abkürzungsverzeichnis

Abb.	Abbildung
Abs.	Absatz
ADAC	Allgemeiner Deutscher Automobil-Club
AGG	Allgemeines Gleichbehandlungsgesetz
al.	alii
AMLE	Academy of Management Learning & Education
ArbSchG	Arbeitsschutzgesetz
BBG	Bundesbeamtengesetz
Bd.	Band
BeamtStG	Beamtenstatusgesetz
BGB	Bürgerliches Gesetzbuch
BPI	Bribe Payers Index
BSE	Bovine Spongiforme Enzephalopathie
bzw.	beziehungsweise
ca.	circa
CPI	Corruption Perceptions Index
CR	Corporate Responsibility
CSR	Corporate Social Responsibility
DeGöB	Deutsche Gesellschaft für ökonomische Bildung
DFB	Deutscher Fußball-Bund
DVFA	Deutsche Vereinigung für Finanzanalyse

	und Asset Management
etc.	et cetera
f.	folgende
FCPA	Foreign Corrupt Practises Act
ff.	fortfolgende
FIFA	Fédération Internationale de Football Association
GG	Grundgesetz
ggf.	gegebenenfalls
GPJE	Gesellschaft für Politikdidaktik und politische Jugend- und Erwachsenenbildung
GRI	Global Reporting Initiative
Hrsg.	Herausgeber
IACA	International Anti-Corruption Academy
IALANA	International Association of Lawyers against Nuclear Arms
IIRC	International Integrated Reporting Council
IT	Information Technology
KPMG	Klynveld Peat Marwick Goerdeler
Mrd.	Milliarden
NDR	Norddeutscher Rundfunk
Nr.	Nummer
NRO	Nichtregierungsorganisation
NSA	National Security Agency
o. ä.	oder ähnlich
OLAF	Office Européene de Lutte Anti-Fraude
S.	Seite
TNS	Taylor Nelson Sofres
Ts.	Taunus
u. a.	unter anderem

VDW	Vereinigung Deutscher Wissenschaftler
vgl.	vergleiche
Vol.	Volume
WDR	Westdeutscher Rundfunk
z. B.	zum Beispiel
z. T.	zum Teil

Quelle: eigene Illustration

**Lord Kelvin
(1824–1907)**

Controlling, Ethik und Integrität – Perspektiven des Performance Measurement

> *I often say that when you can measure what you are speaking about, and express it in numbers, you know something about it.*
>
> Lord Kelvin

Integrität ist offenkundig ein knappes Gut. Denn sie ist immer noch (und immer wieder) durch Wirtschaftsdelikte und andere Missstände bedroht. Aktuell sind hier beispielsweise Fälle von Preisabsprache, Steuerhinterziehung, Zins- und Abgaswertmanipulation, aber auch Bestechung und Bestechlichkeit zu nennen (vgl. etwa Slodczyk 2017, Rogert 2017).

Doch Unternehmen und andere Organisationen unterschätzen oft noch die Gefahren, die aus diesen Integritätsdefiziten resultieren: einerseits die hohen finanziellen Schäden, andererseits die enormen Verluste an Vertrauen, Reputation und Handlungslegitimität. Dass Organisationen sich insoweit allzu oft in trügerischer Sicherheit wiegen, zeigt etwa eine aktuelle Studie von KPMG in Zusammenarbeit mit TNS Emnid (vgl. KPMG 2014).

Aus dieser Studie geht zudem hervor, dass die befragten Unternehmen vergleichsweise wenig in eine zielgerichtete Prävention investieren. So sind in diesem Kontext offenbar auch Investitionen in den Bereich des Controllings Mangelware. Überhaupt wurde im deutschsprachigen Raum bislang kaum diskutiert und erprobt, inwieweit das Controlling einen Beitrag zur Prävention bzw. Überwindung von Integritätsdefiziten leisten kann.

Vor diesem Hintergrund stellt sich somit in Forschung und Praxis die Frage, auf welche Weise der Bedrohung von Integrität wirksam begegnet werden kann. Was kann die strategische Organisationsentwicklung zur Integritätssicherung beitragen? Welche moralische Verantwortung tragen die handelnden Menschen? Welche Anforderungen stellen Staat und Zivilgesellschaft? Und vor allem: Inwieweit ermöglicht ein Controlling, welches das Performance Measurement einbezieht, die Abbildung und Steuerung von Integrität?

1 Controlling und Unternehmensethik

Gleichermaßen zählen Unternehmensethik und Controlling seit längerem zu den am meisten diskutierten Themenfeldern; dies gilt sowohl für die philosophische und wirtschaftswissenschaftliche Literatur als auch für die Praxis von und in Organisationen. Die beiden Themenfelder können somit jeweils als ausgebaute Wissenschaftsbereiche gelten.

Die Ethik blickt dabei auf eine Jahrtausende währende Tradition zurück. Als wichtige Wegweiser gelten etwa Aristoteles, Seneca und Thomas von Aquin. Demgegenüber erscheint das Controlling als ein geradezu jugendliches Fachgebiet; hierzulande hat es erst seit den 1980er Jahren Aufschwung genommen. Wichtige Controlling-Promotoren, gerade in dieser Anfangsphase, waren z. B. Péter Horváth und Thomas Reichmann.

1.1 Controlling-Konzeptionen

Im Bereich des Controllings ist zunächst ein sehr heterogenes Begriffsverständnis zu konstatieren: Es herrscht eine durchaus unübersichtliche, teils widersprüchliche Vielfalt der Termini, Blickwinkel und Interpretationen. Immerhin werden die Aufgaben der Koordination, Informationsversorgung und Führungsunterstützung meist zum Kernbereich des Controllings gezählt (vgl. Göbel 2013, S. 251).

Darüber hinaus gibt es immer wieder Versuche, Fortentwicklungen bzw. grundlegende Neuausrichtungen des Controllings zu initiieren. Ein wesentlicher Ausdruck hiervon sind zum einen die zahlreichen „Bindestrich-Controllings"; sie sind in den letzten Jahren mit dem Blick auf verschiedene betriebliche Funktionsbereiche entstanden – beispielsweise in Gestalt des Finanz-, Personal- und Marketing-Controllings (vgl. etwa Mensch 2008, Wunderer/Schlagenhaufer 1994, Ehrmann 2015).

Zum anderen zählen die Versuche grundlegender theoretisch-konzeptioneller Controlling-Neuausrichtungen zu diesem Kontext. Anzuführen ist hier in jüngerer Zeit beispielsweise der Ansatz des Rationalitätssichernden Controllings von Jürgen Weber und Utz Schäffer. Diese Konzeption fokussiert die Gewährleistung einer zielgerichteten Führung von Unternehmen und anderen Organisationen (vgl. Schäffer/Weber 2004). So werden vor allem zweckrationale, an Gewinn- und Rentabilitätszielen orientierte Handlungen in den Blick genommen; wertrationale Aspekte bleiben hingegen weitgehend ausgeblendet. Demzufolge hat das Controlling ein ethisch orientiertes Handeln situationsabhängig zu begrenzen – nämlich dann, wenn es sich für die jeweilige Organisation nicht rechnet (vgl. Weber/Schäffer 2014, S. 56).

Anzuführen ist in diesem Kontext aber auch das Reflexionsorientierte Controlling von Ewald Scherm und Gotthard Pietsch. Dieses Konzept rückt insbesondere kritisch-konstruktive Denkprozesse in Unternehmen und anderen Organisationen in den Blick. Im Zentrum des Ansatzes steht die sog. perspektivenorientierte Reflexion, die vor allem auch als ein Impulsgeber für Innovationen fungiert (vgl. Pietsch/Scherm 2004). Reflexionsbasierte Diskurse sind insbesondere zwischen Controllern und Managern essenziell. Auf diese Weise können die Controller, so die Autoren, zum kritisch-konstruktiven Counterpart der Manager werden (vgl. Pietsch/Scherm 2001, S. 310).

1.2 Unternehmensethik und Integrität

Ein ähnlich heterogenes Bild wie im Controlling zeigt sich in der Wirtschafts- und Unternehmensethik. Allgemein gilt Ethik als die kritische Hinterfragung von Werten und Normen sowie die Gestaltung „guter" Praxis (vgl. Holzmann 2015). Die wissenschaftlichen Diskussionen in der Wirtschafts- und Unternehmensethik hierzulande waren lange durch hitzige Debatten und einen fast lähmenden Schulen-Streit geprägt.

1.2.1 Die Konzepte von Homann et al. und Ulrich et al.

Auf der einen Seite haben bei diesem Disput Karl Homann et al. ihr Konzept der Ökonomischen Ethik vertreten (vgl. Homann/Blome-Drees 1992). In ihrem Ansatz fokussieren sie die Nutzen- und Gewinnkalküle des unternehmerischen Handelns. Dieses individuelle Gewinnstreben erfüllt einen sozialen Zweck, da es das bislang beste Mittel zur Steigerung der allgemeinen Wohlfahrt ist. Wenn es einseitige moralisch motivierte Vorleistungen erbringt, dann stellt dies laut Homann et al. eine Überforderung des Unternehmens dar. Denn in der Marktwirtschaft sind diese Vorleistungen jederzeit durch die Wettbewerber ausbeutbar („Trittbrett fahren"). Hierdurch ist das integer handelnde Unternehmen ernsthaft in seiner Existenz bedroht. Die Moral hat daher, so die Autoren, ihren systematischen Ort in der Rahmenordnung, um dort wettbewerbsneutral zur Geltung zu kommen.

Wichtige Basisideen für den Theoriezugang von Homann et al. lieferte der britische Moralphilosoph Jeremy Bentham (1748–1832). Er vertrat eine Konzeption, die auf einem utilitaristischen, Nutzen und Konsequenzen fokussierenden Ethikverständnis beruht (vgl. Bentham 2003). Damit wird eine gewisse konzeptionelle Nähe Benthams und Homanns zu dem auf Zweckrationalität ausgerichteten Controlling-Ansatz von Schäffer und Weber deutlich.

Auf der anderen Seite der Debatte stehen Peter Ulrich et al. als Verfechter der Integrativen Wirtschaftsethik (vgl. Ulrich 2001, Thielemann 1996). Ihnen geht es vor allem um eine grundlegende Hinterfragung wirtschaftsliberaler Positionen. Insbesondere werden die reine ökonomische Logik mit ihren (vermeintlichen) Sachzwängen sowie ihre Blindheit gegenüber Maximen der Menschenwürde und Gerechtigkeit kritisiert. So postulieren Ulrich et al. eine Legitimation unternehmerischen Handelns durch einen idealen Diskurs unter allen Handlungsbetroffenen. Auf diese Weise kann, so die Autoren, das Handeln von und in Unternehmen reflexiv einsichtig werden.

Ulrichs Ethikkonzeption basiert wesentlich auf der Maximen- und Prinzipienethik von Immanuel Kant (1724–1804) sowie auf der Diskursethik von Jürgen Habermas (vgl. Kant 1785, Habermas 1981). Zugleich zeigen sich damit Verbindungslinien von Kant, Habermas und Ulrich zu der diskursiven und reflexionsorientierten Controlling-Konzeption von Scherm und Pietsch.

1.2.2 Das Konzept von Paine

Gewissermaßen „quer" zu diesem wirtschafts- und unternehmensethischen Schulen-Streit liegt die Konzeption der Integrität. Dieser Ansatz soll im Folgenden als eine Integrationsfigur herangezogen werden.

Prominent wurden Begriff und Konzept der Integrität gegen Mitte der 1990er Jahre von der Harvard-Professorin Lynn Sharp Paine in die Diskussionen eingeführt (vgl. Paine 1994). Integrität beschränkt sich demzufolge nicht auf die Verhinderung von strafbewehrten wirtschaftskriminellen Handlungen. Dies stellt lediglich ein moralisches Minimalziel dar, denn nicht alles, was legal ist, kann auch als ethisch integer gelten. Dabei kritisiert Paine vor allem auch die bloße Delikt- und Skandalvermeidungslogik sowie die Bürokratisierungstendenz vieler Compliance-Programme.

Bei Integrität geht es vielmehr, so Paine, um weiter gehende Wertvorstellungen und das Streben nach ethischer Exzellenz: Eigenverantwortung, intrinsische Motivation und die aktive Suche nach besseren Lösungsalternativen stehen hierbei im Vordergrund. Auf Basis ihrer Überlegungen plädiert Paine für eine umfassende Integritätskonzeption, um problematischen Unternehmenskulturen und kriminellen Handlungen wirksam Einhalt zu gebieten.

Doch integres, ethisch einwandfreies Handeln ist, wie ausgeführt, noch immer akut durch Wirtschaftsdelikte bedroht. Hieran können, wie bereits Paine ausgeführt hat, auch die vielerorts installierten Compliance-Systeme offenbar nichts Grundlegendes ändern. Integrität ist nicht nur im Bereich privatwirtschaftlicher Unternehmungen essenziell. Auch staatliche Akteure, Kommunen und Non-Profit-Organisationen haben erkannt, dass die Integritätssicherung eine wichtige strategische Weichenstellung ist. Beispielsweise will der Fußball-Weltverband FIFA künftig offenbar gezielte Integritätschecks bei der Besetzung von Führungspositionen implementieren (vgl. Aumüller/Kistner 2015).

Allgemein kann Integrität zum einen als Unbescholtenheit, Wahrhaftigkeit und Streben nach ethischer Exzellenz verstanden werden. Zum anderen zählen aber auch Unversehrtheit, Konsistenz und Ganzheitlichkeit zum Bedeutungsumfang von Integrität (vgl. Maak/Ulrich 2007, S. 6; Kuhn/Weibler 2012, S. 111 f.).

Dabei geht es sowohl um persönliche als auch um institutionelle Dimensionen und Perspektiven. So erwächst Integrität vor allem aus einem stimmigen Gesamtkontext sowie aus ethisch-moralischen Wechselwirkungen zwischen
- einer Organisation (Meso-Ebene),
- ihren staatlichen und gesellschaftlichen Stakeholdern (Makro-Ebene) sowie
- den organisationsinternen und -externen Individuen (Mikro-Ebene) (vgl. Faust 2013a, S. 32).

Diese Zusammenhänge werden durch die Abbildung 1 veranschaulicht.

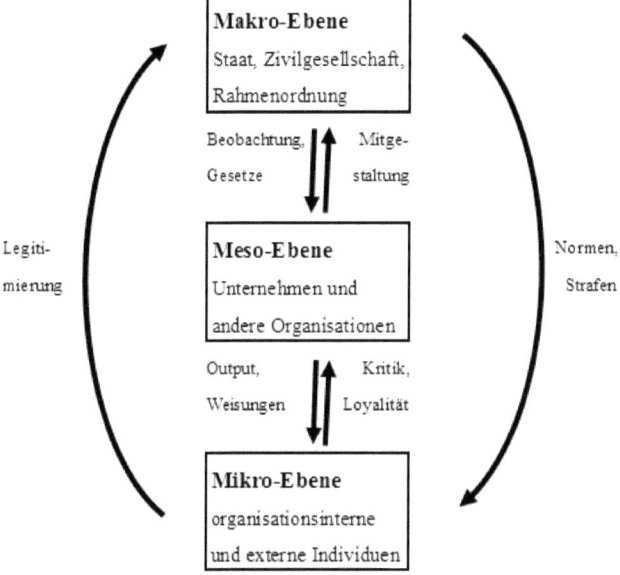

Abb. 1: Integrität – Wechselwirkungen zwischen Makro-, Meso- und Mikro-Ebene, Quelle: eigene Darstellung

1.3 Zum Verhältnis von Controlling und Integrität

Die Handlungsfelder Controlling und Integrität sind offenbar für die Praxis von und in Organisationen in hohem Maße relevant: Der Erhalt, die Wiederherstellung bzw. strategische Steuerung von Integrität werden gerade angesichts der vielen Skandale und Affären zunehmend bedeutsam. Aktuell wird dieser Befund insbesondere auch durch neu eingerichtete Vorstandsposten für Integrität bei zwei deutschen

Automobilkonzernen untermauert (vgl. Fromm/Hägler/Ott 2015).

In bisherigen Literaturbeiträgen fehlt jedoch, wie ausgeführt, regelmäßig eine ausdrückliche Verbindung zwischen den Themenfeldern Integrität und Controlling. So vernachlässigen aktuelle Controlling-Beiträge meist ebenso die Bezüge zur Ethik wie umgekehrt die Ethik-Literatur die Bezüge zum Thema Controlling vernachlässigt (vgl. aktuell etwa Bak 2014 bzw. Horváth et al. 2015). Nur wenige Theorie- und Praxisbeiträge haben hierzulande einen expliziten Brückenbau zwischen den Themenfeldern Ethik und Controlling versucht. Aus den 1990er Jahren stammt etwa ein Beitrag von Wittmann (1995), und in den 2000er Jahren haben z. B. Weibler/Lucht (2004) zur Verbindung dieser Themen publiziert.

Bisherige Beiträge, die Controlling und Integrität in Beziehung setzen, tun dies wiederum auf sehr unterschiedliche Weise. In manchen Publikationen gelten Ethik und Integrität a priori als nicht controllingfähig (vgl. Löhr 2011, S. 43). Andere Beiträge postulieren, wie angedeutet, dass das Controlling die Ethik dominieren muss, wenn unzweckmäßige Handlungen zu befürchten sind. Teils werden aber auch kontraproduktive Wirkungen des Controllings auf Ethik und Integrität gesehen. Argumentiert wird insbesondere, Controlling sei (zu) sehr auf reine Zweckrationalität, monetäre Zielgrößen und auf kurzfristige Gewinnmaximierung fokussiert. Demgegenüber werden Risiken, langfristige Folgen sowie Motivations- und Reputationseffekte häufig aus den Betrachtungen ausgeblendet. Demzufolge, so die Argumentation, muss ein zukunftsorientiertes Controlling mehr „weiche" qualitative Größen ins Zentrum der Aufmerksamkeit rücken (vgl. Friedl 2003, S. 288).

In jüngerer Zeit mehren sich die Bemühungen, die beiden Themenfelder enger zusammenzuführen und vor allem konstruktiv aufeinander zu beziehen. Dabei sind einerseits Aktivitäten von Autoren erkennbar, die ihren Forschungsschwerpunkt primär im Bereich der Unternehmensethik haben und die den Weg in Richtung Controlling beschreiten; hierzu zählen beispielsweise Elisabeth Göbel sowie André Zünd (vgl. Göbel 2013; Zünd 2006). Andererseits ziehen einige Autoren, die eher im Bereich des Controllings „beheimatet" sind, eine Verbindungslinie in Richtung Unternehmensethik; in diesem Kontext sind etwa Rolf Eschenbach, Helmut Siller und Volker Lingnau zu nennen (vgl. Eschenbach/Siller 2009, Lingnau 2016).

In diesen Beiträgen wird regelmäßig die besondere Verantwortung von Controllern und Controlling für ein langfristig-qualitatives und ethisch einwandfreies Handeln akzentuiert. Diese Überlegungen können mithin als konzeptionelle Weichenstellungen für ein explizites Integritätscontrolling aufgefasst werden.

1.4 Integritätscontrolling

Wesentliche Zielsetzungen eines solchen Integritätscontrollings sind die Initiierung und Systematisierung kritisch-konstruktiver Gestaltungs- und Reflexionsprozesse. Dies bezieht sich insbesondere auf komplexe, existenzbedrohende Risiken und moralische Missstände wie Betrug, Korruption und Datendiebstahl.

Dabei beinhaltet das Integritätscontrolling operative, vor allem aber auch strategisch-langfristige Perspektiven. Der Fokus liegt vor allem auf der frühzeitigen Deutung von „weak signals" (vgl. bereits Ansoff 1976) sowie der Gestaltung „weicher" Parameter. Unterstützende, konstruktive Wirkungen kann das Integritätscontrolling speziell dadurch generieren, dass es neuartige Informationen zur Verfügung stellt, die das bisherige, meist rentabilitätsorientierte Controlling nicht liefern konnte bzw. wollte. Im Zuge dieses innovativen Controlling-Konzepts sind daher vor allem auch Kenngrößen zu kreieren, beispielsweise hinsichtlich der Reputation, Risikolage sowie der Legitimität des unternehmerischen Handelns (vgl. Göbel 2013, S. 254).

Eine viel versprechende Ausgangsbasis besteht insoweit, als Controller meist über entsprechendes (Methoden-)Wissen verfügen und damit vertraut sind, ihr Know-how in Analyse-, Informations- und Entscheidungsprozesse einzuspeisen (vgl. Hirsch/Fiack 2015, S. 69). Grundsätzlich sind Controller demnach in der Lage, ein wirksames Instrumentarium in diesen Kontext einzubringen (vgl. Liekweg 2014, S. 24 f.), denn:

- Sie sind meist organisationsweit vernetzt und können daher verstreut verfügbare Informationen sinnvoll zusammenfügen.
- Sie sind es gewohnt, „harte" quantitative Daten sorgfältig zu analysieren (z. B. hinsichtlich risiko-

behafteter Kostenstellen, beispielsweise Lagerfazilitäten, oder bestimmter Kostenarten, etwa Provisionszahlungen).
- Sie gewinnen immer mehr Erfahrung, auch „weiche" qualitative Daten zu analysieren, etwa im Zuge der Implementierung einer Balanced Scorecard.
- Sie verfügen zumeist über eine kritische Grundhaltung, und bei Ungereimtheiten sind sie es gewohnt, freundlich aber konsequent nachzuhaken.
- Zu ihren Aufgaben zählt es, Abweichungen zu kommentieren (z. B. im Vergleich zu Vorjahren und zu Branchen-Benchmarks).
- Sie sind geübt, das Management mit richtigen, verlässlichen und konsistenten Informationen zu versorgen.
- Sie sind damit vertraut, einen Blick für das Wesentliche zu haben und in die Zukunft zu schauen.

Umgekehrt ist die Management-Ebene in Organisationen zumeist auch die Zusammenarbeit mit Controllern gewohnt. Insbesondere ist das Management dann darin geübt, mit den (operationalisierten) Controlling-Informationen umzugehen und sie bei ihren Entscheidungen adäquat zu berücksichtigen. So gesehen haben Ethik und Integrität gute Chancen tatsächlich Gehör zu finden, wenn sie in der Sprache des Controllings präsentiert werden.

Aber auch in externer Perspektive setzen immer mehr Organisationen auf die Sprache des Controllings, um Verantwortung zu dokumentieren und aktiv zu kommunizieren. Ein Beispiel hierfür ist das indikatorgestützte CR- bzw. CSR-Reporting, das in zunehmendem Umfang Verbreitung findet.

Insgesamt ist das Integritätscontrolling kein bloßes „Bindestrich-Controlling". Damit hat es eine Gemeinsamkeit mit dem aktuell ebenfalls fokussierten Nachhaltigkeitscontrolling (vgl. Colsman 2016), das vor allem soziale und ökologische Dimensionen in den Blick nimmt (womit teils wiederum auch Fragen der Integrität berührt werden). Das Integritätscontrolling impliziert einen Brückenschlag zwischen Wirtschafts-, Unternehmens- und Individualethik (Makro-, Meso- und Mikro-Ebene) einerseits sowie betriebswirtschaftlicher Planung, Steuerung und Überwachung andererseits (vgl. Faust 2014b). Dabei ist Integrität kein beliebiger Erfolgsfaktor neben anderen Parametern. Sie ist nur ganzheitlich und langfristig zu konzeptualisieren. Integrität durchdringt dann die gesamte Organisation und wird zu einer essenziellen Querschnittsdimension – auch und gerade in Bezug auf die Legitimierung gegenüber den jeweiligen Stakeholdern.

1.5 Weiteres Vorgehen

Vor diesem Hintergrund ist es Zielsetzung dieses Beitrags, ein integratives und innovatives Integritätscontrolling zu entwerfen. Dabei soll vor allem auch auf eine neuere Entwicklung in Controlling und Management Bezug genommen werden: Indikatorbasiertes Performance Measurement wird nicht nur in Unternehmen, sondern auch in vielen Verwaltungen und

Non-Profit-Organisationen zunehmend wichtig. Zugleich stellt es in vielerlei Hinsicht eine durchaus anspruchsvolle Herausforderung dar. So blieben bislang etwa Fragen nach konkretisierten Maßgrößen und Resultaten von Integritätsbestrebungen oft unbeantwortet. Daher sind insbesondere auch nicht-monetäre und auf Stakeholder fokussierte Parameter in den Blickpunkt zu rücken (vgl. Greiling 2013, S. 59 ff.).

Um die Ausführungen zu konkretisieren und operable Praxisperspektiven zu entwerfen, zieht der Beitrag insbesondere Beispiele und Performance-Maßgrößen aus dem Bereich der Korruptionsvorsorge und -bekämpfung heran. Analog lassen sich viele dieser Beispiele aber auch auf andere Integritätsfragen übertragen. Nicht zuletzt will der Beitrag aufzeigen, wie das Integritätscontrolling systematisch und ganzheitlich auf die Makro-, Meso- und die Mikro-Ebene ausgerichtet wird.

2 Integritätsdefizite: ein Drei-Ebenen-Modell

Aktuell rücken also Integritätsdefizite zunehmend ins Visier der allgemeinen Aufmerksamkeit. Hiermit sind Schwachpunkte und Missstände thematisiert, die sich idealtypisch der Mikro-, Meso- und Makro-Ebene zuordnen lassen. Es geht nämlich um individuelle, organisationale bzw. rechtlich-gesellschaftliche Phänomene sowie deren Wechselwirkungen (vgl. Abbildung 1).

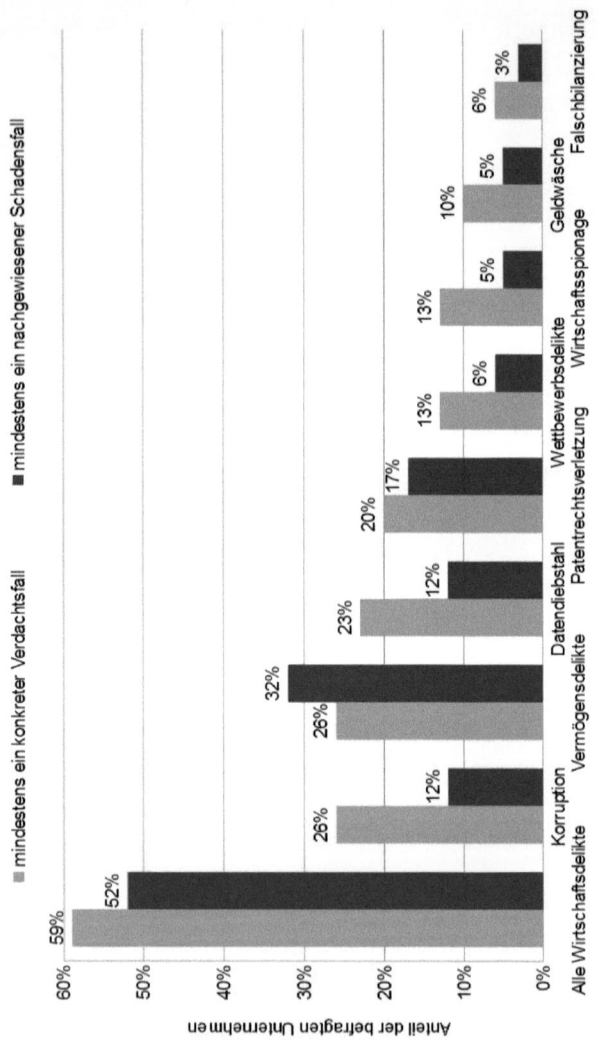

Abb. 2: Wirtschaftsdelikte in Deutschland, 2009 bis 2011 (Mehrfachnennungen möglich), Quelle: PricewaterhouseCoopers/Martin-Luther-Universität 2011, S. 20

2.1 Empirische Befunde

Laut einer Studie der Martin-Luther-Universität Halle-Wittenberg in Zusammenarbeit mit Pricewaterhouse Coopers bestehen diese Integritätsdefizite z. B. in Gestalt von Bilanzmanipulation, Datendiebstahl und Wirtschaftsspionage. Insbesondere ist hier aber auch die Korruption anzuführen: Insoweit ist bei 26 Prozent der befragten Unternehmen mindestens ein konkreter Verdachtsfall und bei 12 Prozent mindestens ein Schadensfall aufgetreten (vgl. Abbildung 2).

Ein konkreter Ausdruck dieses empirischen Befunds sind vor allem auch die Debatten zu bestimmten publik gewordenen Vorkommnissen. Diese Fälle betreffen erklärtermaßen nicht nur die Privatwirtschaft und den staatlichen Bereich, sondern aktuell zunehmend auch den Verbands- und Non-Profit-Sektor.

Für den erstgenannten Bereich sind exemplarisch die hitzigen Diskussionen um Bestechungsfälle bei Elektro- und Automobilkonzernen, etwa bei Siemens und MAN, zu nennen. Aber auch Non-Profit-Organisationen befinden sich nicht selten in der öffentlichen Kritik. Jüngst standen insbesondere Sportverbände im Fokus der Debatten, etwa der Deutsche Fußball-Bund (DFB) und der Fußball-Weltverband (FIFA). Und nicht zuletzt sind Verwaltungen und andere öffentliche Institutionen insoweit auffällig geworden, etwa im Zuge von Unregelmäßigkeiten bei Baumaßnahmen und Infrastrukturprojekten. So ist aktuell offenbar auch der Bau des Hauptstadtflughafens BER betroffen (vgl. Fuchs/Lebert/Müller 2015).

2.2 Integritätsdefizite: das Beispiel Korruption

Der Begriff der Korruption stammt ab vom lateinischen Wort „corrumpere"; dies lässt sich als verderben, vernichten oder bestechen übersetzen.

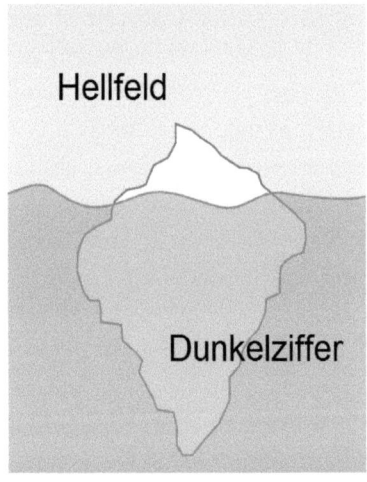

Abb. 3: Korruption als „Eisberg-Phänomen", Quelle: eigene Darstellung

Korruption kann als ein höchst problematischer Tausch von Vorteilen aufgefasst werden. Denn er führt zur Fehlsteuerung knapper (öffentlicher) Ressourcen sowie mindestens zur Schädigung Dritter. Eine Besonderheit von Korruption gegenüber anderen Delikten ist aber, dass ihre Opfer oft schwer identifizierbar sind. Schätzungen der Korruptionsdunkelziffer belaufen sich auf bis zu 95 Prozent (vgl. Schreyögg 2008,

S. 132). Die Korruption gleicht somit einem Eisberg, der sich größtenteils unter der Wasseroberfläche verbirgt und kaum Warnsignale an seine Umgebung abgibt (vgl. Abbildung 3).

Analog taucht nicht selten das Bild des Controllers als „Lotse" auf, welcher der Leitungsebene einen sicheren Weg auf gefährlichen Ozeanen weist (vgl. bereits Deyhle 1990, S. 183). Dieses Bild passt mithin ebenfalls zu dem Ziel einer sicheren Umschiffung komplexer „Eisberge" wie Bestechung und Bestechlichkeit (vgl. Faust 2014b, S. 10).

2.2.1 Ursachen von Korruption

Die Ursachen von Korruption können, wie auch bei anderen Integritätsdefiziten, idealtypisch der Mikro-Ebene (Individuum), der Meso-Ebene (Unternehmen und andere Organisationen) sowie der Makro-Ebene (Rahmenordnung, Gesellschaft, Volkswirtschaft) zugeordnet werden (vgl. Faust 2016b, S. 68).

Als persönliche Achillesfersen (Mikro-Ebene) gelten beispielsweise Leichtsinn und Opportunismus. Aber auch Sensibilitäts-, Wissens-, Motivations- und Kommunikationsdefizite liefern der Korruption einen Nährboden. Ein ausschweifender Lebensstil, Überschuldung sowie Interessenkonflikte durch problematische Nebentätigkeiten können ein Übriges tun.

Die Ursachen von Korruption können aber auch durch organisationale Defizite bedingt sein (Meso-Ebene). Als Beispiele sind intransparente Geschäftsprozesse, unzweckmäßige Strukturen und fehlende

Kontrollen zu nennen. Diese Defekte münden nicht selten in fragwürdige Anreiz- und Wertesysteme sowie in problematische Organisationskulturen.

Bezüglich der Makro-Ebene schließlich gelten z. B. unzulängliche Rechtsnormen und eine mangelhafte Jurisprudenz sowie totalitäre Regierungs- und Verwaltungssysteme als korruptionsfördernd. Abhängige Medien und schwache Zivilgesellschaften sind in diesem Zusammenhang ebenfalls einschlägig (vgl. Faust 2013b, S. 280 f.).

2.2.2 Schäden durch Korruption

Aber auch die gravierenden Nachteile, die durch Bestechung und Bestechlichkeit entstehen, lassen sich idealtypisch den drei genannten Ebenen zuordnen (vgl. Faust 2016b, S. 74).

So sind Menschen (Mikro-Ebene) durch Gesundheits- und Umweltschäden bedroht – etwa dann, wenn medizinische Behandlungen nur gegen Schmiergeld erfolgen oder Korruption die Zerstörung natürlicher Lebensräume forciert, z. B. in tropischen Regenwäldern (vgl. Faust 2013a, S. 32). Aber auch die Steuer- und Abgabenzahler leiden, gerade wenn Bestechungen im öffentlichen Sektor um sich greifen. Und selbst den korrupten Individuen drohen Nachteile, etwa durch ihren Geheimhaltungsaufwand und ihre potenzielle Erpressbarkeit.

Ebenso tragen regelmäßig selbst die langjährig „erfolgreich" korrupten Organisationen (Meso-Ebene) gravierende Schäden davon, insbesondere in Form von verdeckten Qualitäts- und Innovationsdefiziten bis hin zur Gefahr einer Insolvenz. Und bei einer öffentlichen Enthüllung drohen ihnen erst recht Schäden. Allein bei dem Korruptionsskandal bei Siemens in den Jahren 2006 bis 2008 werden sie auf mindestens 2,5 Mrd. Euro geschätzt. Dabei geht es u. a. um Rechtsanwaltshonorare sowie um hohe Strafen und Steuernachzahlungen (vgl. Leyendecker 2011). Und auch die immateriellen Schäden für Organisationen haben enorme Ausmaße, insbesondere in Gestalt von Vertrauenseinbußen und Legitimitätsverlusten.

Nicht zuletzt leiden auch Staat und Gesellschaft (Makro-Ebene) unter Korruption, etwa durch Umweltschäden und Investitionen in fragwürdige, überdimensionierte Infrastrukturprojekte („white elephants"). Es erhöht sich zudem die Staatsverschuldung, und regelmäßig sinkt das Bruttoinlandsprodukt. Schließlich setzt sich eine allgemeine Vertrauenserosion und Politikverdrossenheit in Gang – bis hin zur Gefahr von Gewalt und politischem Extremismus.

2.2.3 Synopse

Die Abbildung 4 zeigt eine kompakte Zusammenfassung der vorhergehenden Ausführungen. Demnach sind – in idealtypischer Betrachtungsweise – sowohl die vielfältigen Ursachen von Korruption als auch ihre mannigfaltigen Schäden der Makro-, der Meso- und der Mikro-Ebene zuzuordnen.

	Ursachen von Korruption	Schäden durch Korruption
▲ **Makro-Ebene** Rahmenordnung, Gesellschaft und Volkswirtschaft	unzulängliche Rechtsnormen und Strafverfolgung, mangelhafte Wirtschafts- und Sozialpolitik, schwache Zivilgesellschaft, abhängige Medien	fragwürdige bzw. kostspielige Infrastruktur, Staatsverschuldung, sinkendes Bruttoinlandsprodukt, Umweltschäden, Vertrauenserosion, politischer Extremismus
▲ **Meso-Ebene** Unternehmen und andere Organisationen	intransparente Organisationsstrukturen und -prozesse, mangelhafte Kontrollen, Zeitdruck bei Entscheidungen, dubiose Anreiz- und Wertesysteme	Qualitäts-, Sicherheits- und Effizienzdefizite, sinkende Organisationsmoral, Verlust von Integrität, Vertrauens- und Reputationsschwund, ggf. Insolvenz
▲ **Mikro-Ebene** Mitarbeiter, Führungskräfte, Kunden und Bürger	luxuriöser Lebensstil, Überschuldung, problematische Nebentätigkeiten, Opportunismus, Leichtsinn, Demotivation, Kommunikations-, Sensibilitäts- und Wissensdefizite	Täter: Verschleierungsaufwand, Erpressbarkeit, ggf. Ansehensverlust und Sanktionen; Opfer: Steuer- und Abgabenlasten, Frustration, Arbeitsplatzverlust, Unglücks- und Todesfälle

Abb. 4: Bedrohte Integrität: Ursachen und Schäden von Korruption, Quelle: vgl. Faust 2012a, S. 555

Überdies ist zu beachten, dass zwischen diesen drei Ebenen vielfältige Wechselwirkungen bestehen (vgl.

auch nochmals Abbildung 1). Diese können die Korruption zusätzlich forcieren und Integrität systematisch unterminieren. So fördern beispielsweise unzulängliche Gesetzesregelungen (Makro-Ebene) einen fragwürdigen Opportunismus auf der Mikro-Ebene. Und individuelle Kommunikationsdefizite wirken sich z. B. negativ auf die organisationale Transparenz (Meso-Ebene) aus.

Auf Basis dieses dreigliedrigen Schemas können, wie zu zeigen sein wird, auf integrative Weise Warnsignale und Kenngrößen als Basis für ein wirksames Integritätscontrolling generiert werden. Denn nicht nur die Integritätsdefizite können den drei genannten Handlungsebenen zugeordnet werden; im Folgenden wird gezeigt, wie auch das Integritätsmanagement und Controlling systematisch und ganzheitlich auf die Meso-, Mikro- und die Makro-Ebene auszurichten ist. Dabei sollen Performance-Indikatoren in die jeweiligen Betrachtungen einbezogen werden.

3 Integritätsmanagement und Controlling: die Meso-Ebene

Das Integritätscontrolling ist zunächst vor allem auf die organisationale Meso-Ebene zu fokussieren. Wichtige Ausgangs- bzw. Bezugspunkte insoweit sind vor allem das Risikomanagement und die partizipative Organisations- und Personalentwicklung.

3.1 Risikomanagement und integritätsorientierte Organisationsentwicklung

Bei der Implementation einer Integritätsstrategie ist jeweils passgenau vorzugehen. Abhängig ist die Vorgehensweise vor allem von Aufgabenspektrum und Stakeholdern sowie von der Organisationsgröße und -komplexität. Zunächst ist daher eine sorgfältige, organisationsspezifische (Korruptions-)Risikoanalyse erforderlich.

Generell als sehr bestechungsanfällig gelten beispielsweise die betrieblichen Funktionen der Beschaffung und des Vertriebs. Gefährdet sind aber offenbar auch Aufsichts- und Kontrollfunktionen, z. B. im Rahmen von Revisionstätigkeiten.

Im Hinblick auf die Rechtsform ist etwa ein überschaubares, lokal agierendes Einzelunternehmen mit anderen Integritätsherausforderungen konfrontiert als eine global aufgestellte Aktiengesellschaft. Deren Anteilseigner haben meist divergierende Wertvorstellungen und verfolgen zudem heterogene Interessen.

Und mit dem Blick auf die Wirtschaftsbranche werden etwa der Hoch- und Tiefbau sowie das militärische Rüstungswesen und die Gesundheitsdienstleister als besonders risikobehaftet eingestuft (vgl. von Maravic 2007, S. 57). Wohl nicht ohne Grund startete die Bundesregierung im Sommer 2015 eine Gesetzesinitiative, um die Korruption speziell bei den Angehörigen freier Heilberufe strafrechtlich sanktionieren zu können.

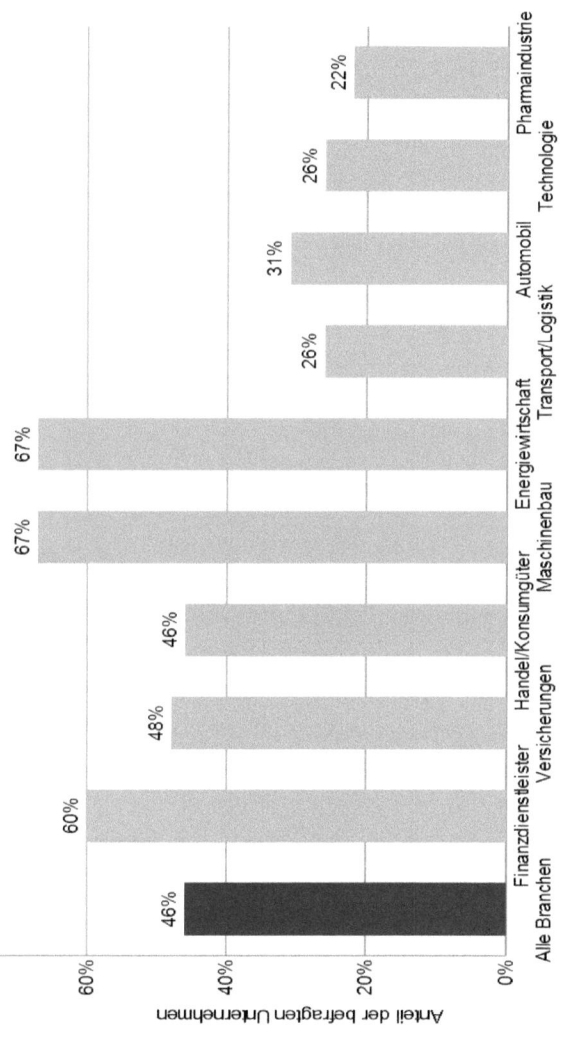

Abb. 5: Verbreitung von Compliance-Programmen nach Branchen, Quelle: PricewaterhouseCoopers/Martin-Luther-Universität 2011, S. 41

Die Art der Branche übt offenbar aber auch wesentliche Einflüsse auf die Bestrebungen zur Bekämpfung von Wirtschaftsdelikten aus. Dies zeigt etwa die Studie der Universität Halle-Wittenberg, wonach der Maschinenbau und die Energiewirtschaft insoweit führend sind; an der letzten Stelle steht demnach die Pharmaindustrie (vgl. Abbildung 5).

Deutlich wird somit, dass das Integritätscontrolling gewissermaßen die Funktion eines Radars zu übernehmen hat, das jeweils eine genaue Ortung potenzieller Untiefen und „Korruptionseisberge" fördert.

Die Ergebnisse der Risikoanalyse weisen den Weg zur Ausarbeitung und Formulierung einer expliziten Integritätsstrategie. Dies geschieht häufig im Zuge einer organisationalen Leitbildentwicklung. Um elementaren moralischen Anforderungen zu genügen, darauf weist insbesondere die Diskursethik hin, sollte das Leitbild in einem partizipativen Verfahren erarbeitet werden. Hierin formulieren Organisationen die grundlegenden Wertvorstellungen, die sie bei ihrem Handeln beachten wollen. In einem Leitbild spiegelt sich also das, was Organisationen allgemein am meisten schätzen – und oft auch das, was sie explizit ablehnen.

Ein Verhaltenskodex ist geeignet, die Aussagen des Leitbilds zu konkretisieren und situative Handlungsorientierung für die Mitarbeiter zu geben. Ein solcher Kodex fokussiert z. B. integritätsrelevante Themen wie Sponsoring, Geschenke, Einladungen und Nebentätigkeiten, aber auch entsprechende Kontrollen sowie die Konsequenzen bei Integritätsdefiziten.

1. Identifizierung bestehender Korruptionsrisiken	2. Auswertung der Diagnose, Kommunikation, Zielformulierung	3. Auswahl der Anti-Korruptionsansätze, Kommunikation	4. Umsetzung der Anti-Korruptionsstrategie, Evaluation
– interne Perspektive: Dokumentenanalysen, Sitzungsbeobachtungen, Mitarbeiterbefragungen, etc. – externe Perspektive: Kunden- und Lieferantenbefragungen, Medien- und Stakeholderanalysen, etc.	– Analyse der internen und externen Diagnosematerialien – interne Kommunikation der diagnostizierten Stärken und Schwächen – Ursachenanalyse, Problemdefinition und Benennung der Anti-Korruptionsziele	– Suche nach möglichen Anti-Korruptionsmaßnahmen – Fixierung und Planung konkreter Ansatzpunkte und Strategien – interne und externe Kommunikation der Integritätsstrategie	– Implementation der Integritätsmaßnahmen, z. B. Ethik-Hotline, Job-Rotation, Verhaltenskodex, Anti-Korruptions-Website, Ombudsperson – ggf. Zertifizierung – periodische Erfolgskontrollen, z. B. via Online-Befragungen
	Rückkopplung		

Abb. 6: Entwicklungsschema: organisationale Integrität, Quelle: eigene Darstellung

Zumeist ist im Zuge der Integritätsentwicklung auch eine Reorganisation betrieblicher Abläufe erforderlich.

So sind etwa die organisatorische Trennung von Auftragsvergabe und -abrechnung sowie Transparenz schaffende IT-Tools oft zielführend. Auch sollte die Bestellung von internen Compliance-Beauftragten und Integritätscontrollern ins Auge gefasst werden. Die integritätsfokussierte Organisationsentwicklung kann durch eine Ethik-Hotline bzw. ein elektronisches Hinweisgebersystem gestützt werden. Solche Instrumentarien sind insbesondere geeignet, die Intransparenz risikobehafteter Organisationseinheiten zu durchbrechen. Sie können aber auch als eine diskursive Öffnung und Einbeziehung von Stakeholdern rekonstruiert werden. Zudem kann eine Kooperation mit externen Ombudspersonen und zivilgesellschaftlichen Akteuren die Vorsorge gegen Missstände fördern (vgl. Faust 2012b, S. 19).

Schließlich ist wichtig, dass der Prozess der Organisationsentwicklung nicht in einem Reflexionsstopp endet (vgl. Maak/Ulrich 2007, S. 351). Vielmehr ist er prinzipiell als ein permanenter Kreislauf anzulegen. In diesem Sinne zeigt Abbildung 6 den idealtypischen Prozess der integritätsorientierten Organisationsentwicklung.

3.2 Integritätsfokussiertes Personalmanagement

Die Wirkungen dieser integritätsorientierten Organisationsentwicklung sind jedoch limitiert, wenn sie eine bloße Insellösung bleibt. Vor diesem Hintergrund wird deutlich, dass eine Ergänzung durch ein korrespondierendes Personalmanagement erforderlich ist.

Hierbei strebt die integritätsfokussierte Personal auswahl an, bereits vor einer Stellenbesetzung die ethisch-moralische Motivation und Kompetenz der Bewerber in den Blick zu nehmen („pre-employment due diligence"). Eher klassische Instrumente hierbei sind die Einholung von persönlichen Referenzen und amtlichen Führungszeugnissen. Immer mehr Organisationen gehen aber auch dazu über, mittels Web-Analysetools nach Informationen über Kandidaten zu recherchieren. Wer bei diesen Recherchen etwa in dubiosen Blogs oder im Kontext fragwürdiger Transaktionen ausfindig gemacht wird, gilt kaum als ein integrer Kandidat für eine Stellenbesetzung.

Im Zuge der Auswahlverfahren für verantwortungsvolle, risikobehaftete Aufgabenfelder kann zudem die persönliche Haltung der Kandidaten zur Wirtschaftskriminalität thematisiert werden (vgl. Faust 2012b, S. 19). In einem solchen strukturierten Interview erscheinen beispielsweise folgende Fragen prinzipiell als geeignet:

- Wo sehen Sie generelle Integritätsrisiken für Organisationen?
- Welche Konsequenzen können aus diesen Risiken entstehen?
- Inwiefern ist das Thema Datenschutz für Organisationen wichtig?
- Inwieweit halten Sie Geschenke und Einladungen unter Geschäftspartnern für akzeptabel?

- Wie würden Sie sich verhalten, wenn Sie Zeuge eines Korruptionsdelikts werden? (vgl. Stadt Wien 2009)

Diese und ähnliche Prüffragen können zudem die Kandidaten vor der Stellenbesetzung hinsichtlich (prekärer) Situationen und Aufgaben sensibilisieren.

Bezüglich des bestehenden Personalkörpers hat die integritätsorientierte Personalentwicklung das Ziel, verantwortungsbewusstes Handeln zu unterstützen. Hierzu fördert sie die fachlichen und persönlichen Qualifikationen der Mitarbeiter. Eine wichtige Zielsetzung ist dabei, integres Verhalten anhand typischer korrumpierender Situationen zu erlernen und zu verinnerlichen.

In diesem Kontext kommen einerseits Trainingsformen am Arbeitsplatz („on-the-job") in Betracht, beispielsweise das Mentoring sowie Job-Rotationsmodelle, die einer allzu langen Arbeitsplatzverweildauer und damit der Abhängigkeit und Vetternwirtschaft entgegen wirken. Andererseits bieten sich Maßnahmen außerhalb des Arbeitsumfelds („off-the-job") an, z. B. in Form von Workshops und Seminaren.

Bei diesen Integritätstrainings werden immer öfter auch innovative Electronic- und Blended-Learning-Konzepte eingesetzt (vgl. Kauffeld 2010). Aktuell ist zudem das Konzept des (freiwilligen) Service Learning immer mehr auf dem Vormarsch. Hierbei handelt es sich um praxisorientierte Lehr- und Lernformen, die auf Ideen des amerikanischen Sozialphilosophen John Dewey basieren. Service Learning verbindet fachliches Lernen mit sozialem, ökologischem bzw.

gesellschaftlichem Engagement – zumeist in Form von Projekten (vgl. Prümm 2013, S. 60). Hierdurch sollen insbesondere die ethisch-moralische Sensibilität und Kompetenz gefördert werden.

Die aufgeführten Integritätsbausteine sind periodisch zu überprüfen und ggf. auf neu entstehende Risiken und Gefährdungspotenziale auszurichten. Nicht zuletzt kann eine unabhängige externe Zertifizierung die Qualität und Glaubwürdigkeit der Integritätsmaßnahmen unterstreichen.

3.3 Performance Measurement

Jedoch bleiben die beabsichtigten (und unbeabsichtigten) Wirkungen der Organisations- und Personalentwicklung in der Praxis oft noch im Unklaren. Für ein wirkungsorientiertes Integritätscontrolling sind daher – nicht nur auf der Meso-Ebene – verdichtete, aussagefähige Performance-Indikatoren essenziell. Solche normativen Kenngrößen haben vor allem die Funktionen der Frühwarnung, Planung, Prozesssteuerung, Kommunikation, Zielvereinbarung und Kontrolle (vgl. Siller 2011, S. 195). Integritätsindikatoren ermöglichen damit eine konkretisierte Reflexion und Optimierung nicht nur in operativer, sondern vor allem auch in strategischer Hinsicht.

Korruption und andere Delikte spielen sich, wie ausgeführt, meist im Verborgenen ab. Ihre Bekämpfung erfolgt bislang oft nur wenig zielgerichtet bzw. nur durch „Kommissar Zufall". Daher ist die Bildung einschlägiger Integritätsindikatoren eine durchaus ambitionierte Herausforderung. Hierbei ist zwischen monetären und nicht-monetären Kenngrößen zu unterscheiden.

3.3.1 Nicht-monetäre Kenngrößen

Für die Meso-Ebene diskutiert werden als nicht-monetäre Kenngrößen z. B. die Zahl und der Anteil der Geschäftsfelder, die bezüglich Bestechungsrisiken analysiert worden sind. Zudem können Zahl und Anteil der Mitarbeiter, die bezüglich der Korruptionsvorsorge geschult wurden, ein Integritätsindikator sein.

Aber auch die Verweildauer auf (korruptionsgefährdeten) Arbeitsplätzen kann als eine Kenngröße in den Blick genommen werden; denn langjährige Kooperationen, etwa zwischen Kunden und Lieferanten, münden nicht selten in Abhängigkeit und Vetternwirtschaft.

Als Indikator kann ferner das Ausmaß gewährter bzw. erhaltener Einladungen und Geschenke dienen. Die Ergebnisse strukturierter Mitarbeiterbefragungen, etwa zur Kenntnis bzw. Akzeptanz implementierter Anti-Korruptionsmaßnahmen, sind oft ebenfalls aufschlussreich. Überdies können strukturierte Kunden- bzw. Lieferanten-Befragungen zur wahrgenommenen Korruption bei Geschäftskontakten einbezogen werden. Nicht zuletzt sind die Art und Anzahl geahndeter Bestechungsfälle als nicht-monetäre Indikatoren einschlägig (vgl. Stierle 2008, S. 115 f.; Reißig-Thust/ Weber 2011, S. 48).

3.3.2 Monetäre Kenngrößen

Aber ergänzend werden zunehmend auch monetäre Indikatoren in die Betrachtungen und Analysen auf der organisationalen Meso-Ebene einbezogen.

In diesem Zusammenhang wird etwa das Ausmaß aktiver bzw. passiver Spenden und Sponsorings diskutiert. Denn solche Zuwendungen initiieren oft Abhängigkeiten und soziale Erwartungshaltungen hinsichtlich (problematischer) Gegenleistungen. So legen einige Organisationen diese Geldbeträge bereits in ihren internen und externen Reportings offen.

Auch können, insbesondere aus einer zweckrationalen, nutzenorientierten Perspektive, die Kosten für Ethik-Programme als Indikator einschlägig sein. Hierzu zählen beispielsweise die Aufwendungen für Fortbildungsmaßnahmen und für externe Beratungsleistungen. Und falls in einer Organisation bereits Missstände und Unregelmäßigkeiten aufgetreten sind, können auch die Kosten für deren Bewältigung als monetäre Kenngröße herangezogen werden (vgl. Hirsch/Fiack 2015, S. 71 f.).

4 Persönliche Integrität und Selbstmanagement: die Mikro-Ebene

Doch die Strategien und Ansatzpunkte auf der organisationalen Ebene allein können kein Garant für Integrität sein (vgl. Zünd 2006, S. 84). Eklatant hat sich dies etwa im Zuge der Affäre um den US-amerikanischen Energiekonzern Enron gezeigt. Hier war offenkundig vor allem jenes Personal in verantwortungsvolle Positionen aufgestiegen, das von Aggressivität und persönlicher Gier getrieben war. Zudem setzten einzelne Führungskräfte die bestehenden organisationalen Instrumentarien (z. B. Ethik- und Verhaltenskodizes) zeitweise außer Kraft (vgl. Thielemann 2005, Aßländer 2005).

Aber auch in der bereits angeführten KPMG-Studie werden die menschlichen Faktoren in den Blickpunkt gerückt. Demnach sind 63 Prozent der Befragten der Ansicht, dass ausschließlich oder eher persönliche Defizite als ursächlich für wirtschaftskriminelle Handlungen zu betrachten sind. Technische und organisatorische Schwachstellen werden demgegenüber nur von 25 Prozent der Befragten als Hauptursache benannt (vgl. KPMG 2014, S. 28).

Vor diesem Hintergrund wird deutlich, dass auch die Werte und Tugenden der handelnden Menschen (Mikro-Ebene) wichtig für die Integrität und die moralischen Qualitäten einer Organisation sind (vgl. Zünd 2006, S. 84 f.).

4.1 Tugenden und persönliches Ethos

Demnach verwundert es kaum, dass aktuell die moralische Integrität einzelner Personen verstärkt in den Fokus gerückt wird. So reift etwa die Erkenntnis, dass Verhaltensrichtlinien allein (Meso-Ebene) den Individuen kaum Musterlösungen für sämtliche Probleme und Dilemmata der Praxis liefern können (vgl. Faust 2016a, S. 35 f.).

Gefördert wird das Interesse an der Individualethik insbesondere auch durch das neuere Forschungsprogramm „Behavioral Business Ethics", das u. a. Methoden und Erkenntnisse aus Psychologie, Biologie und Neuroökonomie zu integrieren versucht. Dieses Forschungsprogramm will die (teils festgefahrenen) wirtschafts- und unternehmensethischen Theoriedebatten perspektivisch bereichern – insbesondere durch die Erkenntnisse aus Experimenten und empirischen Erhebungen (vgl. Holzmann 2015, S. 102).

Zudem bringen Staat und Zivilgesellschaft dem Mut und der Entschlossenheit aufrichtiger Individuen eine zunehmende Wertschätzung entgegen. Dies zeigen Belobigungen und Auszeichnungen wie die Hessische Medaille für Zivilcourage, die seit 2009 vergeben wird; oder der Georg-Leber-Preis für Zivilcourage, dessen Verleihung seit dem Jahr 2013 stattfindet.

In der Tat lassen sich zahlreiche persönliche Beispiele für Zivilcourage in Wirtschaft und Gesellschaft anführen: etwa den US-amerikanischen Raumfahrtingenieur, der seinerzeit (vergeblich) vor schweren Sicherheitsdefiziten an der Raumfähre Challenger warnte. Oder die Berliner Altenpflegerin Brigitte Heinisch, welche die Öffentlichkeit couragiert und uneigennützig auf gravierende Missstände in einem Pflegeheim aufmerksam machte (vgl. Hopmann 2012, S. 13 ff.) Dem einzelnen Menschen wächst also offenbar eine wachsende Verantwortung zu, sich auch

Wirtschaftsdelikten mutig und kompetent entgegen zu stellen.

1. Sensibilität aufmerksame Wahrnehmung moralischer Probleme, z. B. Korruption	2. Urteilskraft Entwicklung eines eigenen, sorgfältig reflektierten Standpunkts	3. Motivation nachhaltige Bereitschaft zur Verwirklichung ethischer Postulate	4. Verständigung Kommunikations-, Kooperations- und Konfliktfähigkeit
– Kognition: Recht, Ökonomie, Philosophie, Psychologie, Soziologie etc., ggf. Verhaltenskodex – Emotion: Rücksichtnahme, Bereitschaft sich in die Lage Dritter einzufühlen	– ethisch-moralische Bewertung komplexer Handlungssituationen – Einschätzung z. B. der sog. „Anfütterung" als Frühstadium einer Bestechungshandlung	– (couragiertes) Handeln aus echter Überzeugung und innerer Bindung – Handeln auch entgegen eigener ökonomischer Interessen (z. B. bei der Aufdeckung von Korruption)	– Argumentationsintegrität (z. B. keine Scheinbegründungen und „Killerphrasen") – diskursethische Konfliktlösung und Enttabuisierung der Korruption
Rückkopplung			

Abb. 7: Entwicklungsschema: persönliche Integrität, Quelle: in Anlehnung an Göbel 2013

Vor diesem Hintergrund zeigt Abbildung 7 den idealtypischen Ablauf der persönlichen Integritätsentwicklung. Demnach sind zunächst einige Grundlagen zu entwickeln, z. B. hinsichtlich emotionaler Stabilität sowie ökonomischer und politisch-sozialer Kognition. Dieser Kenntniserwerb beginnt idealerweise bereits in Elternhaus und Schule. Und er kann beispielsweise durch die Integration in die berufliche Ausbildung und Hochschulbildung fortgesetzt und vertieft werden. Denn im späteren Berufsalltag sind tatsächlich in vielen Situationen moralische Sensibilität, Kenntnisse und Handlungskompetenz gefordert.

Diese Aufmerksamkeit und Urteilskraft sind unter Umständen bereits vor einer Arbeitsaufnahme relevant. Denn ein unprofessionelles oder gar unfaires Personalauswahlverfahren kann den jeweiligen Bewerbern frühzeitig signalisieren, dass organisationale Integritätsdefizite bestehen. Dem Individuum steht es daraufhin prinzipiell frei, eine adäquate und reflektierte Entscheidung zu treffen.

Allgemein sind konkrete Prüffragen („Lackmustests") hilfreich, um persönliche Reflexionen und Selbstmanagement im Angesicht potenzieller Ungereimtheiten bzw. Missstände zu fördern. Hinsichtlich der Konsequenzen fraglicher Handlungen (Zweckrationalität) können etwa folgende Fragestellungen herangezogen werden:
- Welche Probleme bzw. schädlichen Folgen sehe ich bei dieser Handlung? Welche Vorteile und Nutzen stiftende Konsequenzen wird diese Handlung haben?

- Überwiegt insgesamt der Nutzen oder der Schaden, der aus dieser Handlung (respektive Unterlassung) folgt?
- Inwieweit sehe ich Handlungsalternativen, die mehr Nutzen (respektive weniger Schaden) zur Folge haben? (vgl. Faust 2014a, S. 218)

Und hinsichtlich einer grundsätzlichen Prinzipien- und Maximen-Beachtung (Wertrationalität) können z. B. folgende Prüffragen zur Selbstvergewisserung beitragen:

- Kann ich wollen, dass sich alle Menschen in dieser Weise verhalten? Würde ich die fragliche Handlung auch gegen mich selbst gelten lassen?
- Könnte ich meine Vorgesetzten und Kollegen auf die Handlung offen ansprechen? Was würden meine (unbeteiligten) Freunde und Familienangehörigen sagen?
- Könnte ich die Handlung mit guten Gründen in einem öffentlichen Diskurs vertreten? Was würde passieren, wenn morgen die Medien über die fragliche Handlung berichten? (vgl. Faust 2014a, S. 218 f.)

Auf dieser Basis sind die Motivation zur Verwirklichung ethischer Postulate sowie die Fähigkeiten zur Kommunikation und Konfliktlösung erforderlich. Wichtige Grundlagen hierfür werden bereits in der frühkindlichen Erziehung sowie in der Schul- und Berufsausbildung gelegt.

Das integritätsorientierte berufliche Selbstmanagement ist insbesondere bei Mitarbeitern in korruptionsanfälligen, mit zahlreichen Außenkontakten verbundenen Aufgabenfeldern relevant. Für Extremsituationen werden seit längerem etwa der energische Protest („voice") und die gewissensbedingte Kündigung („exit") als mögliche Reaktionen integrer Mitarbeiter auf Missstände und unethische Zumutungen diskutiert (vgl. bereits Hirschman 1970).

Doch auch Führungskräfte und Multiplikatoren mit ihrer moralischen Vorbildfunktion sind in diesem Kontext gefordert: etwa indem sie das Anti-Korruptionsengagement ihrer Mitarbeiter wertschätzend begleiten, aber auch indem sie persönliche Integrität authentisch und glaubwürdig vorleben (vgl. Faust 2012a, S. 560).

Nicht zuletzt sind vor allem auch die Controller in diesem Zusammenhang zu adressieren. Denn sie sind gefordert, einerseits kompetent und entschlossen an der Bekämpfung von Integritätsdefiziten mitzuwirken. Andererseits müssen sie dabei aber auch das notwendige Augenmaß und Berufsethos walten lassen (vgl. Faust 2014b, S. 12).

4.2 Performance Measurement

Die Potenziale und die Wirkungen der persönlichen Integrität sind ebenfalls schwierig zu analysieren und zu planen. Vor diesem Hintergrund wird eine beträchtliche Anzahl recht unterschiedlicher Indikatoren für die Mikro-Ebene in die Fachdiskussionen eingebracht.

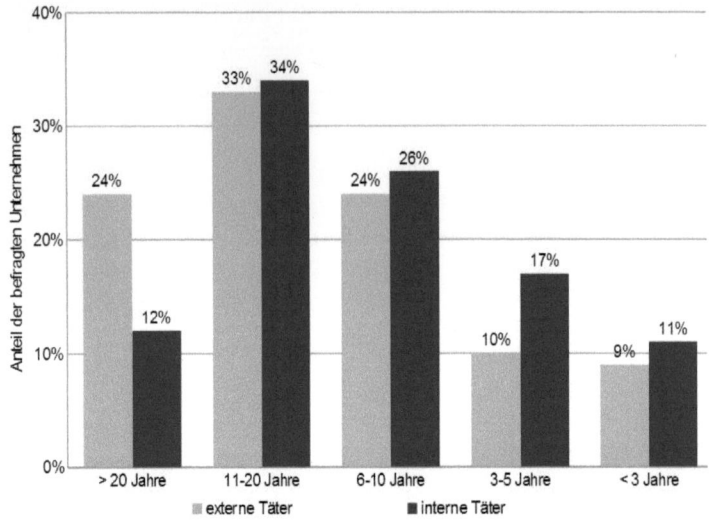

Abb. 8: Täterprofil nach Betriebszugehörigkeit, Quelle: PricewaterhouseCoopers/Martin-Luther-Universität 2013, S. 82

4.2.1 Allgemeine Kenngrößen

In diesem Kontext fokussiert eine aktuellere Studie der Martin-Luther-Universität Halle-Wittenberg in Kooperation mit PricewaterhouseCoopers eine Reihe personenbezogener Indikatoren. Dies geschieht in der Form, dass Täterprofile bei bekannt gewordenen Fällen von Wirtschaftskriminalität analysiert werden.

Zu diesen täterbezogenen Indikatoren zählen demnach z. B. Geschlecht, Lebensalter und die Dauer der Betriebszugehörigkeit. Dabei wird jeweils unterschieden, ob externe Täter die Delikte begehen oder ob die Täter aus der eigenen Organisation stammen (vgl. Abbildungen 8 bis 11).

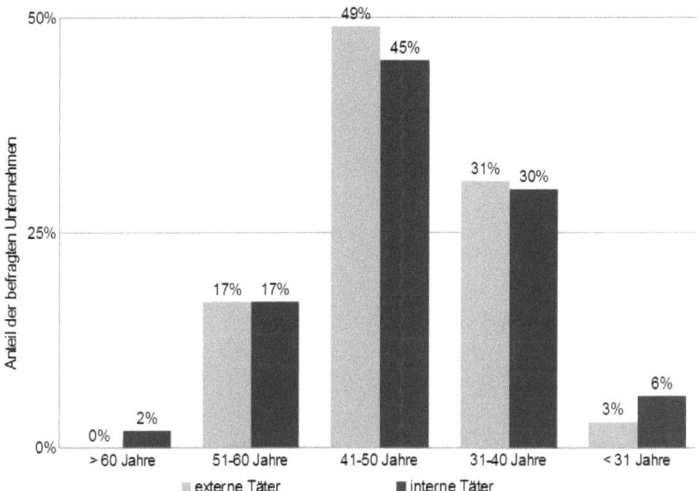

Abb. 9: Täterprofil nach Lebensalter, Quelle: Pricewaterhouse Coopers/Martin-Luther-Universität 2013, S. 82

Laut der Studie handelt es sich bei den organisationsinternen Tätern eher um Personen in gehobenen Positionen im Alter zwischen 31 und 50 Jahren. Demgegenüber befinden sich jüngere Mitarbeiter, die sich erst seit kurzer Zeit im Unternehmen befinden, deutlich in der Minderheit.

Ein großer Unterschied besteht zwischen internen und externen Tätern hinsichtlich ihrer Position in der organisationalen Hierarchie: Die Mehrheit der externen Täter stammt aus Führungspositionen (51 Prozent), während nur 19 Prozent der internen Täter Führungspositionen innehaben und 36 Prozent aus dem mittleren Management stammen (vgl. PricewaterhouseCoopers/Martin-Luther-Universität 2013, S. 81).

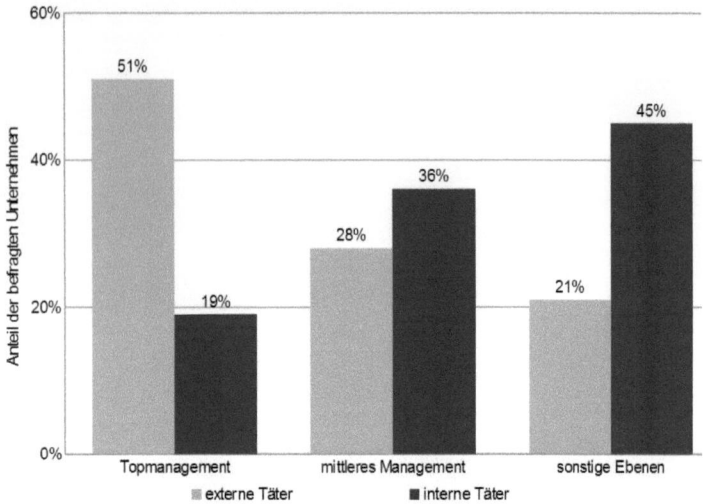

Abb. 10: Täterprofil nach Hierarchieebenen, Quelle: PricewaterhouseCoopers/Martin-Luther-Universität 2013, S. 82

Der Anteil der männlichen Täter ist laut dieser Studie deutlich größer als jener der weiblichen. Zwar kann dies bei Führungskräften (99 Prozent männliche Täter) und dem mittleren Management (92 Prozent) auf den niedrigen Frauenanteil auf diesen Organisationsebenen zurückgeführt werden. Aber auch auf den nachfolgenden Rängen mit einem höheren Frauenanteil werden Wirtschaftsdelikte zumeist von Männern begangen (78 Prozent).

Dieses Ergebnis deckt sich nicht zuletzt auch mit der Polizeilichen Kriminalstatistik. Denn diese weist bei fast allen Delikten einen deutlich niedrigeren Frauenanteil aus (vgl. PricewaterhouseCoopers/Martin-Luther-Universität 2013, S. 82).

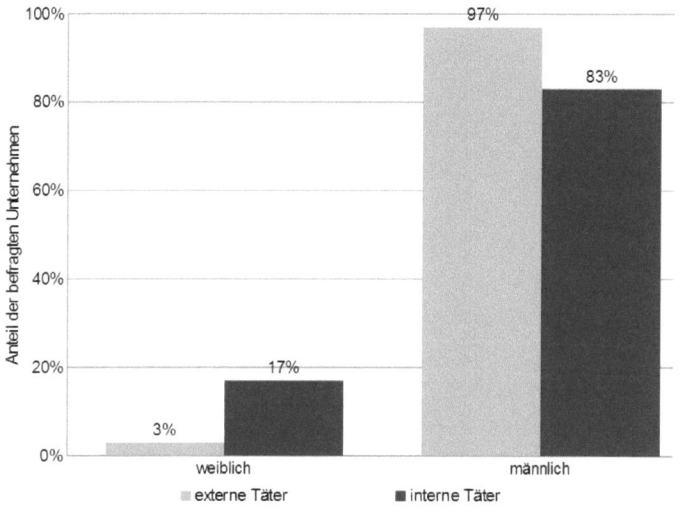

Abb. 11: Täterprofil nach Geschlecht, Quelle: Pricewaterhouse Coopers/Martin-Luther-Universität 2013, S. 82

Allgemein werden aber auch die Art und das Ausmaß von Nebentätigkeiten als personenbezogene Parameter diskutiert. Diese Beschäftigungen können nämlich, das haben die Erfahrungen gezeigt, zu persönlichen Abhängigkeiten, Interessenkonflikten und Kriminalität führen. Zudem erscheinen die Art und das Ausmaß krankheitsbedingter Mitarbeiter-Fehlzeiten potenziell als relevant. Denn manche Mitarbeiter erleiden psychische Probleme, wenn sie sich ihrem kriminellen Umfeld hilflos ausgeliefert fühlen.

Im Fokus des Interesses steht teils auch die Anzahl freiwillig zurückgegebener Urlaubstage. Denn Korruption und andere Delikte erfordern zwecks Verschleierung häufig eine permanente Anwesenheit am

Arbeitsplatz. Teilweise werden auch Gehaltspfändungen als Indikatoren befürwortet, da sie eine Empfänglichkeit für fragwürdige Zuwendungen signalisieren könnten. Aus der Sicht des Datenschutzes jedoch sind solche auf Einzelpersonen bezogenen Parameter regelmäßig geheimhaltungspflichtig.

Schließlich gelten Art und Ausmaß von Mitarbeiter-Fluktuationen als ein potenzieller Integritätsindikator. Denn der Exit stellt, wie angedeutet, möglicherweise eine (letzte) individuelle Reaktion auf unethische Zumutungen am Arbeitsplatz dar (vgl. Stierle 2008, S. 114 f.; Reißig-Thust/Weber 2011, S. 46).

4.2.2 Spezifische Kenngrößen

Die im vorherigen Abschnitt genannten Indikatoren sind, wie angedeutet, oft eher als unspezifisch anzusehen. Sie können daher nur erste allgemeine Indizien liefern, und teils besteht die Gefahr einer Fehlinterpretation. Vor diesem Hintergrund wird deutlich, dass es aktuell einen zunehmenden Bedarf an konkreteren Maßgrößen gibt.

Solche Performance-Indikatoren können oft indes erst dann gebildet werden, wenn Organisationen eine Anti-Korruptionsinfrastruktur (Meso-Ebene) aufgebaut haben. Die persönliche Aufmerksamkeit bezüglich dieser Infrastruktur kann etwa durch die Anzahl der Klicks auf einer Anti-Korruptionswebsite gespiegelt werden. Zusätzlich kann die durchschnittliche Verweildauer auf dieser Website einen Aufschluss über ihre Wirkung geben.

Aber auch die Art und die Anzahl organisationsinterner oder -externer Anfragen zum Thema Integrität („ask us") werden vermehrt in den Blick genommen. Diese Anfragen können u. a. über einzurichtende Ethik-Hotlines bzw. zu bestellende Ombudspersonen erfolgen. Überdies kann die Zahl interner bzw. externer Beschwerden („tell us") systematisch fokussiert werden. Gerade die Beschwerden von Insidern werden aktuell vermehrt diskutiert – u. a. als Folge aus dem prominenten Whistleblowing-Fall rund um den US-Amerikaner Edward J. Snowden. Generell können solche Beschwerden wertvolle Hinweise über Art und Ausmaß konkreter (bestehender oder drohender) Missstände und Unregelmäßigkeiten geben.

5 Integrität in der Rahmenordnung: die Makro-Ebene

Die organisationale und die persönliche Integrität sind schließlich auch auf die Einbeziehung der politisch-gesellschaftlichen Makro-Ebene angewiesen. Denn andernfalls bliebe die Idee der Ganzheitlichkeit offenkundig auf der Strecke.

So positionieren Unternehmen sich auf gesellschaftlicher Ebene verstärkt als integre, gute „Bürger" (Corporate Citizenship). Hierbei versuchen sie, z. B. durch die Förderung von Kultur- und Umweltprojekten, gesellschaftliche Mitverantwortung zu übernehmen. Aber auch der einzelne Bürger engagiert sich zunehmend in Initiativen und zivilgesellschaftlichen Organisationen (beispielsweise Attac und Business Crime Control), um Integrität in Wirtschaft und Gesellschaft zu fördern.

5.1 Aktivitäten in Staat und Zivilgesellschaft

Umgekehrt rücken kollektive gesellschaftliche Akteure die organisationalen und persönlichen Integritätsdefizite verstärkt in den Fokus ihrer Aufmerksamkeit.

So widmen sich investigative Medien zunehmend dem Thema der Missstände und Integritätsdefizite. Anfang 2014 hat z. B. die Süddeutsche Zeitung zusammen mit dem NDR und dem WDR einen Rechercheverbund aufgebaut. Er nimmt sich vor allem auch dem Thema Wirtschaftskriminalität an. Durch die Kooperation dieser drei Akteure sollen zudem Effektivitäts- und Effizienzvorteile bei der Analyse und Investigation realisiert werden.

Im zivilgesellschaftlichen Bereich sind in den letzten Jahren verschiedene Nichtregierungsorganisationen ins Leben gerufen worden; exemplarisch sind hier Lobby Control und Transparency International anzuführen. Diese Organisationen widmen sich intensiv und mit wachsender Professionalität der Analyse und Bekämpfung von Bestechung und Bestechlichkeit.

Außerdem wenden sich immer mehr soziale Netzwerke und Web-Communities gegen Korruptionsdelikte. In diesen digitalen Welten spricht sich Fehlverhalten rasch herum, und um die Reputation von Menschen und/oder Organisationen ist es dann rasch geschehen (vgl. Beham 2015). Aktuell stehen z. B. diverse Sportverbände angesichts unterminierter Dopingkontrollen und fragwürdiger Vergaben von Großveranstaltungen in der Kritik.

Doch auch Gesetzgeber und Strafverfolgungsbehörden haben ihre Anti-Korruptionsbestrebungen in letzter Zeit intensiviert. So wurden beispielsweise schärfere Gesetze und Rechtsverordnungen gegen Bestechungen erlassen. International sind hier etwa der Foreign Corrupt Practices Act (FCPA) der USA sowie der britische Bribery Act von 2010 anzuführen (vgl. Büttner 2011, S. 4). Hierzulande geht aktuell eine Gesetzesinitiative von der Landesregierung Nordrhein-Westfalen aus. Sie will in Deutschland ein Unternehmensstrafrecht etablieren, weil sie das bislang einschlägige Ordnungswidrigkeiten-Recht bei schwerer Wirtschaftskriminalität als obsolet ansieht (vgl. Dams 2014).

Die Vereinten Nationen haben bereits im Jahr 2003 die Korruptionsbekämpfung als zehntes Prinzip in den Global Compact aufgenommen. Seither wird zudem der 9. Dezember als weltweiter Anti-Korruptionstag begangen. Ferner hat die Europäische Kommission vor einigen Jahren die Behörde OLAF zur koordinierten Verfolgung von Betrug und Bestechung installiert. Und durch die Einrichtung spezialisierter Staatsanwaltschaften wurden die oft komplizierten Ermittlungen bei Korruptionsfällen zunehmend professionalisiert.

Nicht zuletzt wurde unlängst in der Nähe von Wien die Internationale Anti-Korruptionsakademie (IACA) gegründet. Sie bietet zum einen entsprechende Aus- und Fortbildungsveranstaltungen an. Zum anderen intensiviert sie den Ideenaustausch und die interdisziplinäre, länderübergreifende Forschung zur Korruptionsvorsorge und -bekämpfung (vgl. Kistner 2012).

5.2 Performance Measurement

Bezüglich der Makro-Ebene bestehen bereits seit längerer Zeit Bestrebungen und Ansätze zur Entwicklung von Integritätskenngrößen. So erscheinen in diesem Bereich die Entwicklungen generell als weiter vorangeschritten als auf der Mikro- und der Meso-Ebene.

5.2.1 Allgemeine Kenngrößen

In diesem Zusammenhang berichtet insbesondere das Bundeskriminalamt alljährlich über sektorale Fallzahlen von Korruption. Außerdem werden hierbei Details sowohl zur Geber- als auch zur Nehmerseite dieser Delikte publiziert.

Via Gesetzesfolgenabschätzung und Bürokratiekosten-Messung versucht die Legislative, die Wirkungen und Nebenwirkungen staatlicher Anti-Korruptionsprogramme zu prognostizieren. Und bei bestehenden Regelungen werden deren Wirkungen im Rahmen von Evaluationen kritisch beleuchtet. Ebenso zählt die systematische Auswertung der Details von

Gerichtsprozessen bei Wirtschaftsdelikten (Strafaktenanalyse) zu diesem Kontext.

Bezüglich der Makro-Ebene sind aber auch Bestrebungen von Akteuren im Bereich der Forschung anzuführen. So sind wissenschaftliche Medien- und Zitationsanalysen prinzipiell dazu geeignet, die hier angesiedelten Anti-Korruptionsaktivitäten und -potenziale näher zu quantifizieren und ggf. zu prognostizieren (vgl. von Alemann 2005, S. 24 f.).

5.2.2 Spezifische Kenngrößen: BPI und CPI

Speziell im Zusammenhang der Korruptionsbekämpfung ist auf eine Kooperation von Lambsdorff (Universität Passau) mit der Nichtregierungsorganisation Transparency International hinzuweisen. Hierbei wurde der Corruption Perceptions Index (CPI) entwickelt – ein nahezu weltweites, auf rund 180 Staaten bezogenes Ranking. Der CPI hat zum Ziel, die von Bürgern und Experten an Politikern und Amtsträgern wahrgenommene Korruption abzubilden. Zudem wurde der Bribe Payers Index (BPI) kreiert, der auf rund 30 große Exportnationen fokussiert ist. Der BPI spiegelt die Bereitschaft dortiger Unternehmen, bei Geschäften im Ausland zu Bestechungen zu greifen.

Beide Indizes sind zwar politisch und methodologisch nicht unumstritten, z. B. weil sie auf westlichen Wertvorstellungen und auf subjektiven Einschätzungen beruhen (vgl. Wolf 2012). Dennoch erzielen sie im Zuge der Korruptionsvorsorge und -bekämpfung eine zunehmende Aufmerksamkeit. So haben sie zumindest dazu beigetragen, die Korruptionsproblematik in das öffentliche Bewusstsein zu heben.

BPI-Score (N=28)	Land	CPI-Score (N=182)
8,8 (Rang 1)	Niederlande	8,9 (Rang 7)
8,6 (Rang 4)	Japan	8,0 (Rang 14)
8,6 (Rang 4)	Deutschland	8,0 (Rang 14)
8,5 (Rang 6)	Australien	8,8 (Rang 8)
8,5 (Rang 6)	Kanada	8,7 (Rang 10)
8,1 (Rang 10)	USA	7,1 (Rang 24)
7,9 (Rang 13)	Südkorea	5,4 (Rang 43)
7,7 (Rang 14)	Brasilien	3,8 (Rang 73)
7,5 (Rang 19)	Indien	3,1 (Rang 95)
6,5 (Rang 27)	China	3,6 (Rang 75)
6,1 (Rang 28)	Russland	2,4 (Rang 143)

Abb. 12: Korruptionsindizes: BPI und CPI (Stand 2011), Quelle: vgl. Transparency International 2011a/2011b

Bei beiden Indizes weist ein niedriger Score auf eine hohe Korruptionsanfälligkeit hin. So zeigt Abbildung 12, dass laut BPI und CPI die Integritätsbedrohung durch Korruption für bedeutende Wirtschaftsnationen als sehr unterschiedlich eingeschätzt wird. Zwar dürften beide Indizes etwa für einen lokal fokussierten Handwerksbetrieb eher irrelevant sein. Doch die Indizes können z. B. die durchaus heterogenen Integritätsherausforderungen international operierender Organisationen aufzeigen. An diesem Beispiel wird deutlich, dass das Integritätscontrolling wichtige Beiträge zur Erhellung der soziokulturellen

Rahmenbedingungen leisten kann (vgl. analog Büttner 2011).

Künftig zeichnet sich eine weitere Zunahme von Indikatoren für die Makro-Ebene ab. In diese Richtung zielen insbesondere Aktivitäten der Global Reporting Initiative (GRI). Sie hat einen Leitfaden vor allem zur professionellen Verwendung ökologischer und sozialer Performance-Kenngrößen entwickelt.

6 Ausgestaltung des Integritätscontrollings

Für die Akzeptanz und Wirksamkeit des Integritätscontrollings in der Praxis ist wichtig, dass diese innovative Konzeption strukturell und prozedural sinnvoll ausgestaltet wird.

Zwecks Beurteilung und Steuerung von Integrität geht es, wie ausgeführt, um die Gewinnung und Auswertung neuer „weicher" Informationen. Denn die hergebrachten betrieblichen Kennzahlen sind insoweit meist nicht einschlägig (vgl. Göbel 2013, S. 254). Das ganzheitliche Integritätscontrolling ist daher auf die drei beschriebenen Ebenen auszurichten, um diesen erweiterten Informationsbedarf zu decken und wirksame Integritätsmaßnahmen zu unterstützen. Wichtig hierbei ist, dass die Indikatoren auf Basis der organisationalen Risikoanalyse sorgsam ausgewählt werden.

Falls bei der Ergebnisauswertung eine Häufung von Warnindikatoren ermittelt wird, gibt dies gezielte

Hinweise auf einen weiteren Analyse- und ggf. Gegensteuerungsbedarf. Dies kann etwa dann der Fall sein, wenn aus einer Vertriebsabteilung ein hoher Mitarbeiteranteil ohne Integritätstraining in Länder mit unterdurchschnittlichen CPI-Scores entsendet wird.

Weiterführende Perspektiven eröffnen sich, falls Planungsgrößen oder Integritätsindikatoren aus Vorperioden verfügbar sind. Hilfreich sind in diesem Kontext auch Kenngrößen aus Organisationen mit einem ähnlichen Risikoprofil, beispielsweise aus derselben Branche. In diesen Fällen werden entsprechend differenzierte Abweichungsanalysen und Gegensteuerungsmaßnahmen erleichtert.

Einzubetten sind die Integritätsindikatoren in ein leistungsfähiges Berichtswesen. So sind einerseits periodische Regelberichte, andererseits – bei besonderen Vorkommnissen – aber auch Ausnahmeberichte zu erstellen. Wenn diese Berichte aktuell, übersichtlich und attraktiv gestaltet sind, stärkt dies die Akzeptanz der innovativen Integritätscontrolling-Funktion (vgl. Faust 2014b). Nicht zuletzt ist zu prüfen, inwieweit eine Verzahnung mit dem externen Berichtswesen (z. B. Öko- und Sozialbilanzen, Finanz- und Nachhaltigkeitsberichte) möglich und sinnvoll ist – das aktuelle Stichwort hierzu lautet „Integrated Reporting" (vgl. Gleich et al. 2015).

Doch angesichts der Komplexität dieser Materie steht das Integritätscontrolling, wenn es als Einzelkämpfer agiert, auf einem verlorenen Posten. Daher ist innerorganisational eine Zusammenarbeit vor allem mit Revision, Externem Rechnungswesen und Compliance Officer erforderlich, um im Ergebnis die Leitungsebene mit sachgerechten Informationen versorgen zu können.

Die Abbildung 13 skizziert diese organisatorische Verzahnung des Integritätscontrollings. Wenn es auf diese Weise stimmig in das organisationale Gefüge eingebettet ist, dann bestehen gute Chancen, dass das Controlling tatsächlich als ein umsichtiger Lotse bei Integritätsfragen fungiert.

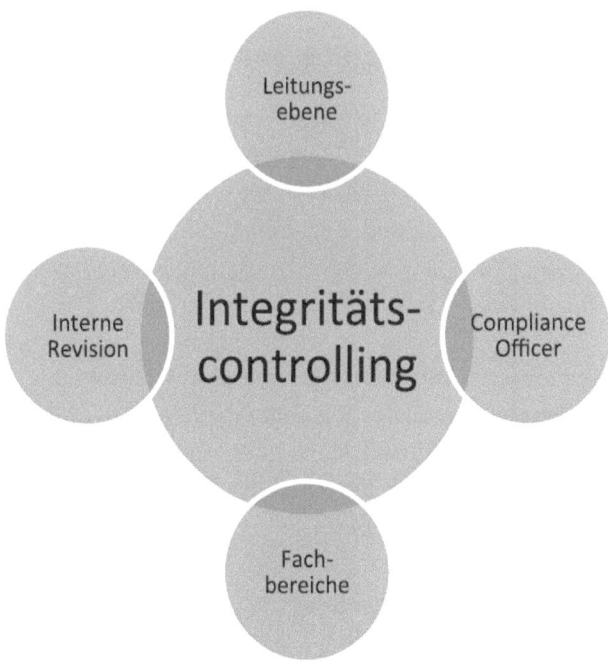

Abb. 13: Organisatorische Verzahnung des Integritätscontrollings, Quelle: Faust 2013a, S. 34

7 Integritätscontrolling – ausgewählte Spannungsfelder

Der soeben skizzierte Ansatz eines innovativen, auf Indikatoren basierenden Integritätscontrollings bedarf indes weiterer Anstrengungen in Forschung und Praxis. So ist vor allem auch die Bearbeitung verschiedener Spannungsfelder erforderlich. Im Folgenden soll dies exemplarisch verdeutlicht werden.

7.1 Reliabilität versus Validität

Zunächst sind die Auswahl, Erhebung und Interpretation der Integritätsindikatoren meist nicht unproblematisch – diesbezügliche Messungen implizieren durchaus Risiken und Fallstricke. So sind drei miteinander zusammenhängende Hauptgütekriterien in diesem Kontext zu beachten:
- Objektivität: Sie ist dann gegeben, wenn verschiedene Anwender mit einem Messverfahren ein übereinstimmendes Resultat erhalten.
- Reliabilität: Eine Messung ist dann reliabel (zuverlässig), wenn ihr Ergebnis bei weiteren Messungen reproduzierbar ist.
- Validität: Dies ist die Gültigkeit einer Messung bezüglich einer bestimmten Zielsetzung. Ein Verfahren ist dann valide, wenn es tatsächlich das misst, was es messen soll (vgl. Simsa et al. 2013, S. 201). Nur bei einer validen Messung sind die Messergebnisse interpretierbar.

Diese drei Gütekriterien hängen miteinander zusammen: Grundsätzlich ist Objektivität eine Voraussetzung für Reliabilität, und diese wiederum ist Voraussetzung für Validität.

Ein Spannungsfeld besteht hier insbesondere zwischen der Reliabilität und Validität: So ist etwa die Krankheitsrate von Mitarbeitern zuverlässig (reliabel) messbar. Ob jedoch die Krankheitsrate ein valides Maß für die Mitarbeiterzufriedenheit (z. B. hinsichtlich Unternehmensintegrität) ist, kann durchaus bezweifelt werden. Denn Krankheitsraten werden auch durch andere Faktoren (z. B. Furcht vor Arbeitsplatzverlust, gerade bei angespannter Arbeitsmarktlage) stark beeinflusst (vgl. Göbel 2013, S. 257 f.).

Jener Optimismus hinsichtlich naturwissenschaftlicher Messungen, wie er aus dem Eingangszitat von Lord Kelvin quillt, kann also bezüglich des „weichen" Phänomens Integrität nur bedingt geteilt werden.

7.2 Transparenz versus Datenschutz

Eine wesentliche Zielsetzung des Integritätscontrollings ist, wie ausgeführt, die Erhöhung der organisationalen Transparenz. Dies soll vor allem durch die Implementation neuartiger Kenngrößen erreicht werden.

In diesem Kontext kann jedoch ein – durchaus ernst zu nehmendes – Spannungsfeld zu den Bestimmungen des Datenschutzes entstehen. Deutlich wird dies insbesondere auch an dem Beispiel der Gehaltspfändungen, die teils als ein möglicher Integritätsindikator in die Diskussionen eingebracht werden.

Hieraus ist die Notwendigkeit ersichtlich, dass das Integritätscontrolling insbesondere bezüglich sensibler (personenbezogener) Daten mit entsprechender Zurückhaltung und Sachkenntnis agiert (vgl. Faust 2012b, S. 21).

Und nicht zuletzt wird hier nochmals evident, dass die Einführung des Integritätscontrollings bereits eine integre Grundhaltung der Controller voraussetzt: Nur bei einem intakten Berufsethos dürfte der erforderliche Balanceakt zwischen Transparenz und Datenschutz tatsächlich gelingen.

7.3 Zweck- versus Wertrationalität

Grundsätzlich darf das Integritätscontrolling nicht zum reinen Selbstzweck werden. Vor (neuer) Intransparenz und Ressourcenvergeudung durch Kennzahlenkataloge und überbordende Reportings ist somit zu warnen. Insbesondere für kleinere Organisationen bedeutet die valide Messung des „weichen" Phänomens Integrität eine ernst zu nehmende Herausforderung. Ein Spannungsfeld zum schonenden Umgang mit Personal- und Sachressourcen tut sich insoweit auf.

Allerdings ist zu prüfen, inwieweit dieser Herausforderung durch die Einbeziehung bereits vorliegender Expertise begegnet werden kann, etwa durch den Rückgriff auf standardisierte Indikatoren. So nimmt das Integritätscontrolling auch einen adäquaten und zielgerichteten Ressourceneinsatz in den Blick. Hierzu zählen die Planung, Steuerung und Überwachung der Budgets für die Integritätsmaßnahmen (z. B. Fortbildung und externe Beratung). Auch die umsichtige Nutzung von Synergien, etwa durch das Know-how von Branchenverbänden, steht hierbei im Fokus. Insoweit übernimmt das Controlling – auch im Sinne des Ansatzes von Weber und Schäffer – eine zweckrationale Funktion. So kann es u. a. einem ausufernden (ressourcenintensiven) Aktionismus, etwa nach einem Skandalereignis, entgegen wirken.

Integrität ist vor allem auch Chefsache. Deshalb ist, wie angedeutet, eine enge organisatorische Anbindung des Integritätscontrollings an die Leitungsebene anzustreben. Hierdurch wird nicht nur eine unmittelbare Führungsunterstützung ermöglicht; sondern es werden damit – etwa im Sinne des Konzepts von Pietsch und Scherm – auch wertrational orientierte Diskurse auf einer exponierten Hierarchieebene gefördert.

Abbildung 14 zeigt, dass das Integritätscontrolling eine dynamische Balance zwischen diesen beiden normativen Konzeptionen in den Blick zu nehmen hat. Denn ein einseitig wertrationales Controlling läuft Gefahr, in Rigorismus und strukturelle Innovationsfeindlichkeit umzuschlagen. Und bei einem rein zweckrationalen Controlling besteht die Tendenz, dass es in Beliebigkeit und ungebremstem Opportunismus endet. Deswegen vermag erst ein kohärentes Gleichgewicht zwischen den beiden normativen Konzeptionen den Wirklichkeitsgehalt des Controllings nachhaltig zu steigern (analog vgl. Berkel/Herzog 1997).

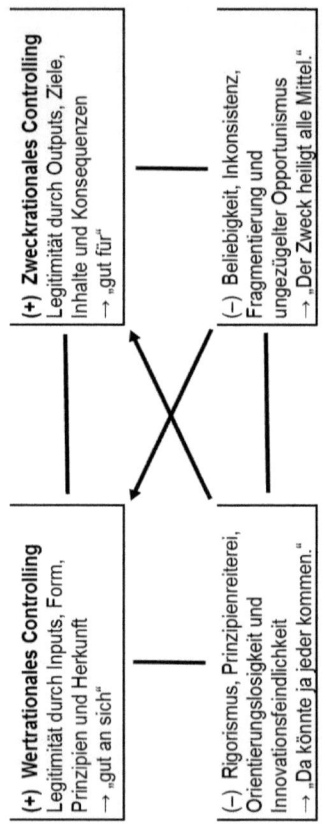

Abb. 14: Integritätscontrolling als Balance zwischen Zweck- und Wertrationalität, Quelle: eigene Darstellung

So ist es ein viel versprechendes Signal, dass unlängst an der Universität Halle-Wittenberg ein Lehrstuhl für

Unternehmensethik und Controlling eingerichtet worden ist. Auch fragen Controller vermehrt Ethik und Werteorientierung als Themen für Seminare nach (vgl. Dressler/Rachfall 2012, S. 212 f.). Die theoretische und praxisorientierte Verzahnung von Integrität und Controlling dürfte somit deutlichen Auftrieb erhalten.

8 Zusammenfassung und Ausblick

Aktuelle Debatten zeigen, dass Ethik und Integrität immer mehr zu persönlichen, organisationalen und gesellschaftlichen Schlüsselressourcen werden. So mehren sich vor allem die Diskussionen zu „weichen" Vermögensbestandteilen, beispielsweise Vertrauen, Reputation und Legitimität.

Insbesondere evolvieren auch neue Impulse, wie angedeutet, über die Konzeption des Integrated Reporting. Der International Integrated Reporting Council (IIRC) hat hierzu unlängst ein Rahmenwerk veröffentlicht, um weltweit eine Neuausrichtung der Unternehmensberichterstattung zu forcieren. Dabei geht es vor allem um die Zusammenführung finanzieller und nicht-finanzieller Parameter. Gerade im Zuge der letzten Banken- und Wirtschaftskrisen hat sich nämlich gezeigt, dass Finanzkennzahlen allein die Stakeholder nicht hinreichend über die (langfristige) Leistungsfähigkeit und Integrität von Unternehmen informieren.

In diesem Zusammenhang kann das indikatorgestützte Integritätscontrolling zumindest Anhaltspunkte über die Wirkung der Prävention bzw. der Bekämpfung ethisch-moralischer Defizite liefern. Deren vielschichtige Mechanismen werden auf diese Weise durchschaubarer und konkreter kommunizierbar. Und umgekehrt haben Ethik und Integrität in vielen Organisationen offenbar bessere Chancen tatsächlich Gehör zu finden, wenn sie in die Sprache des Controllings übersetzt werden. In diesem Sinne zeigt Abbildung 15 zusammenfassend die angesprochenen Integritätsstrategien auf der Makro-, Meso- und Mikro-Ebene sowie jeweils mögliche korrespondierende Performance-Kenngrößen.

Hervorzuheben ist, dass das Integritätscontrolling nicht als eine bloße Alibiveranstaltung zu missverstehen ist. Denn vor allem müssen Ethik und Integrität zu selbstverständlichen Bestandteilen der jeweils gelebten Organisationskultur werden – nur dann können Authentizität, Glaubwürdigkeit und Legitimität wachsen.

Insgesamt bleibt festzuhalten, dass das Integritätscontrolling grundsätzlich Ansatzpunkte und Performance-Indikatoren aller drei Ebenen einbeziehen sollte. Ferner sind eine „hohe" Einbindung in die organisationale Hierarchie und ggf. die Hinzuziehung externer Fachexpertise erforderlich. Auf diese Weise wird ein ganzheitlicher Blick auf (komplexe) ethisch-moralische Defizite sowie auf gezielte Gegensteuerungsoptionen ermöglicht.

Handlungs-ebenen	Ansätze zur Korruptions-vorsorge und -bekämpfung	Performance-Indikatoren im Integritätscontrolling
▲ **Makro-Ebene** Rahmenordnung, Zivilgesellschaft und Volkswirtschaft	Rechtsnormen und Strafen, spezialisierte Staatsanwaltschaften, Anti-Korruptions-behörden, zivilgesellschaftliche Initiativen, wissenschaftliche Forschung und Medienberichterstattung	Bürokratiekostenmessung, Global Corruption Barometer, Korruptionslage-bericht, Zitations-, Strafakten- und Medienanalysen, Bribe Payers Index (BPI), Korruptionswahrnehmungsindex (CPI)
▲ **Meso-Ebene** Unternehmen und andere Organisationen	Transparenz, integritätsorientierte Perso-nalauswahl, -entwicklung und -freisetzung, Ombudsman, Job-Rotation, Verhaltenskodex, Ethik-Hotline, Hinweis-geber-Website, Integritätscontrolling	Anzahl Integritätsschulungen bzw. -verstöße, strukturierte Mitarbeiter- und Stakeholder-Befragungen, Anzahl gescorter Geschäftsfelder, Arbeitsplatz-Verweildauer, Spenden- und Sponsoring-Statistik
▲ **Mikro-Ebene** Mitarbeiter, Führungskräfte, Kunden und Bürger	Sensibilisierung, Wissenserwerb, Urteilskraft, Motivation, ethische Kommunikation, Beschwerde („Voice"), Versetzungsersuchen bzw. Kündigung („Exit")	Anzahl Fehlzeiten, Fluktuationen und Nebentätigkeiten, Anzahl Beschwerden bzw. Klicks auf Antikorruptions-Website, Ausmaß an Gehaltspfändungen, Anzahl zurückgegebener Urlaubstage

Abb. 15: Korruptionsbekämpfung und Integritätscontrolling, Quelle: vgl. Faust 2012b, S. 20

Für die Zukunft sind weitere, anspruchsvolle Integri-tätsherausforderungen absehbar. So fragt der Kapitalmarkt verstärkt standardisierte und verlässliche Informationen über die ethische Qualität von Unternehmen nach. So ist etwa die Deutsche Vereinigung für Finanzanalyse und Asset Management (DVFA) damit befasst, einen entsprechenden Katalog von Maßgrößen zu entwickeln. Dieser könnte Analysten und Investoren eine verbesserte Grundlage bei ihren Entscheidungen bieten (vgl. Göbel 2013, S. 257).

Vor allem sind auch eingehendere empirische Analysen und Praxiserprobungen erforderlich. Hiermit wird der Weg zu ausgereiften, organisationsspezifischen Ausgestaltungen des Integritätscontrollings zu ebnen sein. Dann bestehen tatsächlich gute Chancen, dass der berüchtigte Korruptionseisberg zumindest einen Teil seines Schreckens einbüßt.

Fragen zur Übung und Vertiefung

1
Welche Aufgaben werden allgemein zum Kernbereich des Controllings gezählt?

2
Vergleichen Sie die Controlling-Konzeptionen von Weber/Schäffer und Pietsch/Scherm. Gehen Sie dabei auch auf den Schulen-Streit in der Wirtschafts- und Unternehmensethik hierzulande ein.

3
Erläutern Sie die unterschiedlichen Facetten des Begriffs „Integrität".

4
Skizzieren Sie zwei aktuelle Fälle von Integritätsdefiziten in Wirtschaft bzw. Gesellschaft. Worum ging es dabei, welche Konflikte tauchten auf?

5
Was sind wesentliche Ursachen bzw. Schäden von Integritätsdefiziten (z. B. Korruption) auf der Meso-Ebene (Unternehmen und andere Organisationen)?

6

Was sind wesentliche Ursachen bzw. Schäden von Integritätsdefiziten auf der Mikro-Ebene (Individuum)?

7

Was sind wesentliche Ursachen bzw. Schäden von Integritätsdefiziten auf der Makro-Ebene (Staat und Gesellschaft)?

8

Beschreiben Sie wichtige Ansatzpunkte zur Integritätsförderung auf der Meso-Ebene.

9

Beschreiben Sie wesentliche Ansatzpunkte zur Integritätsförderung auf der Mikro-Ebene.

10

Beschreiben Sie wichtige Ansatzpunkte zur Integritätsförderung auf der Makro-Ebene.

11

Diskutieren Sie wesentliche Indikatoren zur Abbildung und Steuerung von Integrität auf der Meso-Ebene.

12
Diskutieren Sie wesentliche Indikatoren zur Abbildung und Steuerung von Integrität auf der Mikro-Ebene.

13
Diskutieren Sie wesentliche Indikatoren zur Abbildung und Steuerung von Integrität auf der Makro-Ebene.

14
Welche Hauptgesichtspunkte sind bei der Ausgestaltung des Integritätscontrollings zu beachten?

15
Worin liegen wichtige Spannungsfelder bezüglich der Abbildung und Steuerung von Integrität?

16
Was sind wesentliche Anknüpfungspunkte bzw. Zukunftsperspektiven des Integritätscontrollings?

Viel Spaß und Erfolg beim Lösen der Aufgaben!

Lösungshinweise zu den Fragen

Zu 1:
Vgl. hierzu insbesondere die Abschnitte 1 und 1.1.

Zu 2:
Vgl. vor allem die Abschnitte 1.1 und 1.2 sowie die Literaturhinweise zu Homann et al. und Ulrich et al.

Zu 3:
Vgl. insbesondere die Ausführungen in Abschnitt 1.2.2.

Zu 4:
Details zu solchen aktuellen Vorfällen sind z. B. der Wirtschaftspresse und dem Internet zu entnehmen. Skandale der Vergangenheit sind in der Literatur gut dokumentiert, etwa Vorkommnisse bei Enron, Siemens, Nestlé sowie dem ADAC und der FIFA.

Zu 5:
Vgl. insbesondere die Abschnitte 2.2.1 und 2.2.2. Zwecks Veranschaulichung bauen Sie ggf. auch auf Ihrer Antwort zu Frage 4 auf.

Zu 6:
Vgl. auch hierzu vor allem die Abschnitte 2.2.1 und 2.2.2.

Zu 7:
Vgl. insbesondere die Abschnitte 2.2.1 und 2.2.2. Einen zusammenfassenden Überblick hierzu enthält der Abschnitt 2.2.3.

Zu 8:
Vgl. vor allem die Ausführungen in Abschnitt 3.1. Beziehen Sie hier auch Ihre Überlegungen zu Frage 5 ein.

Zu 9:
Vgl. insbesondere den Abschnitt 4.1. Beziehen Sie hier auch Ihre Überlegungen zu Frage 6 ein.

Zu 10:
Vgl. vor allem die Ausführungen in Abschnitt 5.1. Beziehen Sie hier auch Ihre Überlegungen zu Frage 7 ein.

Zu 11:
Vgl. vor allem die Ausführungen in Abschnitt 3.3.

Zu 12:
Vgl. insbesondere den Abschnitt 4.2.

Zu 13:
Vgl. vor allem die Ausführungen in Abschnitt 5.2. Einen zusammenfassenden Überblick hierzu enthält das Kapitel 8.

Zu 14:
Vgl. vor allem die Ausführungen in Kapitel 6.

Zu 15:
Insoweit sind etwa die Konfliktlinien zwischen Reliabilität und Validität, Transparenz und Datenschutz sowie Zweck- und Wertrationalität anzuführen. Vgl. hierzu insbesondere auch das Kapitel 7.

Zu 16:
Vgl. vor allem die Ausführungen in Kapitel 8. Beziehen Sie hierbei auch aktuelle Entwicklungen ein, die Sie aus der Wirtschaftspresse und anderen Fachpublikationen entnehmen.

Literaturhinweise

Alemann, Ulrich von (2005): Politische Korruption: Ein Wegweiser zum Stand der Forschung, in: Alemann, Ulrich von (Hrsg.): Dimensionen politischer Korruption, Wiesbaden, S. 13-49.

Ansoff, H. Igor (1976): Managing surprise and discontinuity: strategic response to weak signals, in: Schmalenbachs Zeitschrift für betriebswirtschaftliche Forschung, Nr. 3/1976, S. 129-152.

Aßländer, Michael Stefan (2005): Why the watchdogs didn't bark – Gründe für das Moralversagen im Falle Enron, in: Forum Wirtschaftsethik, Nr. 2/2005, S. 18-25.

Aumüller, Johannes/Kistner, Thomas (2015): Platini träumt weiter vom Thron – noch, in: Süddeutsche Zeitung vom 20.10.2015.

Bak, Peter Michael (2014): Wirtschafts- und Unternehmensethik. Eine Einführung, Stuttgart.

Beham, Frank (2015): Corporate Shitstorm Management, Wiesbaden.

Bentham, Jeremy (2003): Eine Einführung in die Prinzipien der Moral und der Gesetzgebung, in: Höffe, Otfried (Hrsg.): Einführung in die utilitaristische Ethik, 3. Auflage, Tübingen, S. 55-83.

Berkel, Karl/Herzog, Rolf (1997): Unternehmenskultur und Ethik, Heidelberg.

Büttner, Lars (2011): Controlling im Spannungsfeld westlicher Corporate Compliance und chinesischer Ethik, in: ZfCM Zeitschrift für Controlling und Management, Sonderheft 1/2011, S. 2-8.

Colsman, Bernhard (2016): Nachhaltigkeitscontrolling: Strategien, Ziele, Umsetzung, 2. Auflage, Wiesbaden.

Dams, Jan (2014): Union wehrt sich gegen härtere Strafen für Firmen, DIE WELT online vom 26.11.2014.

Deyhle, Albrecht (1990): Controller Handbuch, 3. Auflage, München.

Dressler, Sören/Rachfall, Thomas (2012): Die Controllingweiterbildung der Zukunft, in: ZfCM Zeitschrift für Controlling und Management, Nr. 3/2012, S. 209-213.

Ehrmann, Harald (2015): Marketing-Controlling, 5. Auflage, Herne.

Eschenbach, Rolf/Siller, Helmut (2009): Controlling professionell, Stuttgart.

Faust, Thomas (2012a): Vorsorge gegen Korruption – eine Herausforderung für die administrative Personalentwicklung, in: Hilgers, Dennis et al. (Hrsg.): Public Management im Paradigmenwechsel, Linz, S. 553-566.

Faust, Thomas (2012b): Integritätscontrolling – eine Strategie gegen Korruption, in: Innovative Verwaltung, Nr. 6/2012, S. 18-21.

Faust, Thomas (2013a): Korruptionsbekämpfung durch Integritätscontrolling – neue strategische Herausforderungen, in: Controller Magazin, Nr. 1/2013, S. 32-35.

Faust, Thomas (2013b): Integritätsmanagement. Ansatzpunkte zur Prävention und Bekämpfung von Wirtschaftskriminalität, in: zfo Zeitschrift Führung + Organisation, Nr. 4/2013, S. 279-286.

Faust, Thomas (2014a): Compliance, Integrität und Orientierung: ein Verwaltungsethik-Kompass, in: Verwaltung & Management, Nr. 4/2014, S. 213-223.

Faust, Thomas (2014b): Ethik, Compliance und Controlling, in: CMR Controlling & Management Review, Nr. 5/2014, S. 8-14.

Faust, Thomas (2016a): Compliance zwischen Individual- und Organisationsethik, in: Faust, Thomas: Compliance und Korruptionsbekämpfung. Beiträge und Übungen zur Organisationsethik (Band 1), 2. Auflage, Norderstedt, S. 21-61.

Faust, Thomas (2016b): Korruptionsbekämpfung – Perspektiven für öffentliche Organisationen, in: Faust, Thomas: Compliance und Korruptionsbekämpfung. Beiträge und Übungen zur Organisationsethik (Band 1), 2. Auflage, Norderstedt, S. 63-141.

Friedl, Birgit (2003): Controlling, Stuttgart.

Fromm, Thomas/Hägler, Max/Ott, Klaus (2015): Ex-Verfassungsrichterin räumt bei VW auf, in: Süddeutsche Zeitung vom 16.10.2015.

Fuchs, Christian/Lebert, Stephan/Müller, Daniel (2015): Imtech. Die unheimliche Firma, Zeit Online vom 20.07.2015.

Gleich, Ronald et al. (Hrsg.) (2015): Integrated Reporting. Die neue Form der externen Berichterstattung, Freiburg und München.

Göbel, Elisabeth (2013): Unternehmensethik. Grundlagen und praktische Umsetzung, 3. Auflage, Konstanz und München.

Greiling, Dorothea (2013): Externes Rechnungswesen und Erfolgsmessung in Nonprofit-Organisationen, in: Gmür, Markus/Schauer, Reinbert/Theuvsen, Ludwig (Hrsg.): (Hrsg.): Performance Management in Nonprofit-Organisationen. Theoretische Grundlagen, empirische Ergebnisse und Anwendungsbeispiele, Bern et al., S. 55-65.

Habermas, Jürgen (1981): Theorie des kommunikativen Handelns, Band 1, Frankfurt am Main.

Hirsch, Bernhard/Fiack, Steven (2015): Compliance-Management und Controlling. Schnittstellen und gemeinsame Instrumente, in: ZRFC Zeitschrift Risk, Fraud & Compliance, Nr. 2/2015, S. 68-73.

Hirschman, Albert O. (1970): Exit, voice, and loyalty: responses to decline in firms, organizations, and states, Cambridge MA.

Holzmann, Robert (2015): Wirtschaftsethik, Wiesbaden.

Homann, Karl/Blome-Drees, Franz (1992): Wirtschafts- und Unternehmensethik, Göttingen.

Hopmann, Benedikt (2012): Das Recht, Missstände bekannt zu machen, in: Heinisch, Brigitte/Hopmann, Benedikt (Hrsg.): Altenpflegerin schlägt Alarm, Hamburg, S. 13-33.

Horváth, Péter et al. (2015): Controlling, 13. Auflage, München.

Kant, Immanuel (1785): Grundlegung zur Metaphysik der Sitten, Riga.

Kauffeld, Simone (2010): Nachhaltige Weiterbildung, Heidelberg.

Kistner, Thomas (2012): Fifa-Mafia: Die schmutzigen Geschäfte mit dem Weltfußball, München.

KPMG (Hrsg.) (2014): Wirtschaftskriminalität in Deutschland 2014, ohne Ortsangabe.

Kuhn, Thomas/Weibler, Jürgen (2012): Führungsethik in Organisationen, Stuttgart.

Leyendecker, Hans (2011): Siemens Korruptionsaffäre. „Das ist wie bei der Mafia", Süddeutsche Online vom 14.01.2011.

Liekweg, Arnim (2014): Fraud vermeiden durch Controlling und Interne Revision, in: CMR Controlling & Management Review, Nr. 5/2014, S. 20-27.

Lingnau, Volker (2016): Controlling und Ethik, in: Becker, Wolfgang/Ulrich, Patrick (Hrsg.): Handbuch Controlling, Wiesbaden, S. 725-739.

Löhr, Albert (2011): Würde in der Unternehmensethik, in: Fünftes und Sechstes Forum Menschenwürdige Wirtschaftsordnung, Halle, S. 38-66.

Maak, Thomas/Ulrich, Peter (2007): Integre Unternehmensführung. Ethisches Orientierungswissen für die Wirtschaftspraxis, Stuttgart.

Maravic, Patrick von (2007): Verwaltungsmodernisierung und dezentrale Korruption, Bern.

Mensch, Gerhard (2008): Finanzplanung und -kontrolle. Controlling zur finanziellen Unternehmensführung, 2. Auflage, München.

Paine, Lynn Sharp (1994): Managing for Organizational Integrity, in: Harvard Business Review, Nr. 2/1994, S. 106-117.

Pietsch, Gotthard/Scherm, Ewald (2001): Die Reflexionsaufgabe im Zentrum des Controlling, in: krp Kostenrechnungspraxis, Nr. 5/2001, S. 307-313.

Pietsch, Gotthard/Scherm, Ewald (2004): Reflexionsorientiertes Controlling, in: Scherm, Ewald/ Pietsch, Gotthard (Hrsg.): Controlling. Theorien und Konzeptionen, München, S. 529-553.

PricewaterhouseCoopers / Martin-Luther Universität (Hrsg.) (2011): Wirtschaftskriminalität 2011, ohne Ortsangabe.

PricewaterhouseCoopers / Martin-Luther-Universität (Hrsg.) (2013): Wirtschaftskriminalität und Unternehmenskultur 2013, ohne Ortsangabe.

Prümm, Hans Paul (2013): Verwaltungsethik in die akademische Ausbildung für die öffentliche Verwaltung!, in: Lück-Schneider, Dagmar/Kirstein, Denis (Hrsg.): Verwaltungsethik – Selbstverständnis und Themenfelder in Lehre, Forschung und Praxis an den FHöD, Berlin, S. 19-64.

Reißig-Thust, Solveig/Weber, Jürgen (2011): Controlling & Compliance. Aufgaben der Controller im Risk and Fraud Management, Weinheim.

Rogert, Marco (2017): Druck aufbauen, vertuschen, Zeit schinden: Wie sich VW aus der Abgas-Affäre zieht, in: Focus Online vom 31.01.2017.

Schäffer, Utz/Weber, Jürgen (2004): Thesen zum Controlling, in: Scherm, Ewald/Pietsch, Gotthard (Hrsg.): Controlling. Theorien und Konzeptionen, München, S. 459-466.

Schreyögg, Georg (2008): Unternehmensethik zwischen guten Taten und Korruption, in: Zeitschrift für betriebswirtschaftliche Forschung, Sonderheft 58/2008, S. 116-135.

Siller, Helmut (2011): Normatives Controlling, Wien.

Simsa, Ruth et al. (2013): Das Konzept des Social Return on Investment: Grenzen und Perspektiven, in: Gmür, Markus/Schauer, Reinbert/Theuvsen, Ludwig (Hrsg.): Performance Management in Nonprofit-Organisationen. Theoretische Grundlagen, empirische Ergebnisse und Anwendungsbeispiele, Bern, S. 198-205.

Slodczyk, Katharina (2017): Euribor-Prozess in London: „Nicht schuldig", in: Handelsblatt vom 07.02.2017.

Stadt Wien (Hrsg.) (2009): Eine Frage der Ethik, 2. Auflage, Wien.

Stierle, Jürgen (2008): Korruptionscontrolling in öffentlichen und privaten Unternehmen, 2. Auflage, München und Mering.

Thielemann, Ulrich (1996): Das Prinzip Markt: Kritik der ökonomischen Tauschlogik, Bern et al.

Thielemann, Ulrich (2005): Der Fall Enron(s), in: Forum Wirtschaftsethik, Nr. 2/2005, S. 37-45.

Transparency International (Hrsg.) (2011a): Bribe Payers Index 2011, Berlin.

Transparency International (Hrsg.) (2011b): Corruption Perceptions Index 2011, Berlin.

Ulrich, Peter (2001): Integrative Wirtschaftsethik. Grundlagen einer lebensdienlichen Ökonomie, 3. Auflage, Bern et al.

Weber, Jürgen/Schäffer, Utz (2014): Einführung in das Controlling, 14. Auflage, Stuttgart.

Weibler, Jürgen/Lucht, Thomas (2004): Controlling und Ethik – Grundlegung eines Zusammenhangs, in: Scherm, Ewald/Pietsch, Gotthard (Hrsg.): Controlling. Theorien und Konzeptionen, München, S. 871-891.

Wittmann, Stephan (1995): Controlling und Ethik – Grundlagen und Konzepte aus unternehmensethischer Perspektive, in: Zeitschrift für Planung, Nr. 6/1995, S. 241-262.

Wolf, Sebastian (2012): Korruption, Antikorruptionspolitik und öffentliche Verwaltung, Hagen.

Wunderer, Rolf/Schlagenhaufer, Peter (1994): Personal-Controlling. Funktionen, Instrumente, Praxisbeispiele, Stuttgart.

Zünd, André (2006): Visitation und Controlling in der Kirche. Führungshilfen des kirchlichen Managements, Berlin.

Quelle: eigene Illustration

**Arthur Schopenhauer
(1788–1860)**

Wirtschafts- und Unternehmensethik-Unterricht: das Beispiel Whistleblowing

*Nächst der Klugheit aber ist der Mut
eine für unser Glück
sehr wesentliche Eigenschaft.*

Arthur Schopenhauer

1 Einführung

Whistleblowing war im deutschsprachigen Raum über lange Zeit ein weitgehend unbekanntes Phänomen. Doch insbesondere der Fall des US-Amerikaners Edward J. Snowden sorgte unlängst dafür, dass das Thema Whistleblowing auch hierzulande in das Blickfeld einer breiten Öffentlichkeit gerückt ist (vgl. etwa Iwersen 2016, Häntzschel 2017).

Vor diesem Hintergrund möchte der vorliegende Beitrag zunächst die Grundlagen und die komplexen Dilemma-Strukturen der Whistleblowing-Thematik analysieren. Darauf aufbauend werden Möglichkeiten ergründet, dieses Themenfeld in einen gehaltvollen, innovativen Wirtschafts- und Unternehmensethik-Unterricht an Schulen und Hochschulen zu integrieren. Der Beitrag nimmt dabei insbesondere auf unterstützendes, praxisorientiertes Unterrichtsmaterial Bezug, wie es exemplarisch im Rahmen des ethos-Projekts entwickelt worden ist (vgl. Retzmann/Grammes 2014). Aber auch die Einbindung in Curricula sowie die Lehr- bzw. Lernvoraussetzungen werden in diesem Beitrag beleuchtet. So könnte Whistleblowing in der Tat zu einem fruchtbaren Themenfeld im Wirtschafts- und Unternehmensethik-Unterricht an Schulen, Hochschulen und Fortbildungsinstitutionen werden.

1.1 Aktuelle Herausforderungen

In den letzten Jahren häufen sich offenbar die Wirtschafts- und Unternehmensskandale. Dies ist keineswegs nur ein Eindruck, der sich auf exotische Offshore-Zentren bezieht. Denn Exempel zeigen, dass selbst bei großen, global agierenden Playern Missstände und dubiose Handlungen zu konstatieren sind. Dieser Befund gilt ganz offenkundig für zahlreiche Wirtschaftszweige; beispielsweise sind Finanz-, Elektro-, Automobil-, Nahrungsmittel- und Energieversorgungskonzerne insoweit auffällig geworden (vgl. Faust 2014a).

Die Öffentlichkeit ist indes nach allem Anschein immer weniger bereit, solche Vorfälle kommentarlos hinzunehmen. Diese zunehmende Missbilligung unternehmerischer Praxis wird u. a. auf einen gesellschaftlichen Wertewandel mit einer wachsenden ethischen Sensibilität zurückgeführt. So erstarken in den letzten Jahren die zivilgesellschaftlichen Organisationen, (virtuellen) Netzwerke und Gegeninitiativen. Verbunden ist dies mit einer Fokussierung von Fragen der Legitimität und gemeinschaftlichen Moralität – Phänomene, die auch mit kommunitarischen Konzeptionen von Gesellschaft zusammenhängen (vgl. grundlegend MacIntyre 1981, Walzer 1983). Nicht zuletzt steigern die Unternehmen selbst oft das moralische Anspruchsniveau der Öffentlichkeit, etwa indem sie CSR- und Nachhaltigkeitsberichte sowie Ethik- und Verhaltenskodizes publizieren.

Viele der Wirtschafts- und Unternehmensskandale haben zuvor lange im Verborgenen geblüht. Oft geht es nämlich um verdeckte Delikte wie Korruption, Bilanzfälschung, Datenmissbrauch, Diskriminierung, Steuerhinterziehung und Umweltschädigung. Diese fragwürdigen Handlungen werden daher meist spät, oft überhaupt nicht offenkundig. So wird etwa bezüglich Korruption geschätzt, dass allenfalls jeder zwanzigste Fall aufgedeckt wird (vgl. Wolf 2012, S. 24).

Die aus den Delikten resultierenden Schäden sind einerseits monetärer, materieller Art: Laut Analysen des Bundeskriminalamts umfasst hierzulande allein das Hellfeld der Wirtschaftskriminalität über 60.000 Fälle bzw. fast 5 Mrd. Euro Schaden pro Jahr (vgl. Bundeskriminalamt 2014). Andererseits sind die Schäden aber auch immaterieller Natur, weil das allgemeine Vertrauen in Manager, Unternehmen und in die Wirtschaftsordnung nachhaltig untergraben wird.

An sich verwundert es, dass solche Missstände gehäuft auftreten. Denn sie sollen – zumal in Deutschland – durch eine Vielzahl an Rechtsnormen und institutionellen Kontrollen unterbunden werden. So etwa durch das engmaschige Strafrecht sowie durch Ermittlungen von Gewerbe- und Finanzaufsicht, Kriminalämtern und Staatsanwaltschaften; oder auch durch die obligatorische Kontrolle von Jahresabschlüssen durch Buch- und Wirtschaftsprüfer.

Doch es mehrt sich die Erkenntnis, dass diese unternehmensexterne Überwachung – allein wegen des oft fehlenden Detailwissens – lückenhaft und unzureichend ist. Daraus wird nicht selten geschlussfolgert, dass mehr unternehmensinterne Potenziale erforderlich sind, um Missständen rasch und nachhaltig zu begegnen (vgl. Faust 2014a). So werden in letzter Zeit zunehmend die Mitarbeiter als (kenntnisreiche) Unternehmensinsider fokussiert. Die Aufdeckung organisationaler Missstände durch Insider wird allgemein, vermehrt auch im deutschsprachigen Raum, unter dem Begriff „Whistleblowing" diskutiert.

1.2 Leistungsfähigkeit des Wirtschafts- und Unternehmensethik-Unterrichts

Zunächst ist zu konstatieren, dass die akademische Wirtschafts- und Unternehmensethik-Ausbildung in Kontinentaleuropa, zumal in Deutschland, bislang einen eher schweren Stand hat. Aufgrund der stark von Erich Gutenberg geprägten Tradition ist die Betriebswirtschaftslehre häufig als angewandte Mikroökonomie angelegt – und nicht als breit angelegte Sozialwissenschaft. So wird die Wirtschafts- und Unternehmensethik-Ausbildung hierzulande öfter in philosophischen und theologischen Fakultäten behandelt als in betriebswirtschaftlichen Fachbereichen. Daher verwundert es kaum, dass deutsche Unternehmen ihre Manager zu diesem Thema lange meist im angelsächsischen Raum aus- und fortbilden ließen (vgl. Matten/Palazzo 2008).

Generell setzt Sollen Können voraus. Dies gilt auch für das Sollen hinsichtlich der wirtschafts- und unternehmensethischen (Aus-)Bildung. Sie hat demnach nur dann Sinn, wenn die Maßnahmen tatsächlich Gutes bewirken. Zunächst stellt sich also die Frage, inwieweit die Lehre eine effektive Heranbildung ethischer Handlungskompetenzen überhaupt bewerkstelligen kann.

Skeptisch für den Bereich der Hochschulbildung äußern sich hierzu Beiträge im Journal der AMLE. Demnach gibt es keine wirklich gesicherten Erkenntnisse, dass die Bildungsmaßnahmen tatsächlich positive Wirkungen haben. Daher muss, so das Argument, zunächst gezeigt werden, was eine entsprechende ethische Kompetenz ausmacht und wie diese Kompetenz systematisch entwickelt werden kann. Demzufolge greift es zu kurz, lediglich aufgrund von Unternehmensskandalen auf den Bedarf und die praktische Relevanz des Wirtschafts- und Unternehmensethik-Unterrichts hinzuweisen (vgl. Löhr 2005).

In anderen Quellen jedoch wird auf die Erfolge ethischer Erziehung, insbesondere auch an allgemeinbildenden Schulen, verwiesen. So etwa kommt bereits Schläfli (1986) im Rahmen einer Studie zu dem Ergebnis, dass ca. 60 Prozent der moralischen Erziehungsprogramme eine Verbesserung der ethischen Urteilskraft bewirken. Ein Erfolg solcher Moralbildung stellt sich demnach insbesondere dann ein, wenn die Maßnahmen länger als fünf Wochen dauern und die Teilnehmer sich in Debatten über kontroverse moralische Fragen einüben können.

Jüngere Arbeiten von Lind (2002 bzw. 2009) für den Bereich der schulischen Bildung weisen in eine ähnliche Richtung: Moralische Urteilskraft und Diskursfähigkeit ist im Wirtschaftsethik-Unterricht durchaus lehr- und lernbar. Insbesondere die Diskussion schwieriger ethisch-moralischer Dilemma-Situationen ist demnach zielführend.

In solch delikaten Dilemma-Situationen befinden sich nicht zuletzt auch Whistleblower. Vor diesem Hintergrund ist es ein Hauptanliegen dieses Beitrags, sowohl gute Gründe als auch konkrete Möglichkeiten einer Integration der Whistleblowing-Thematik in einen innovativen Wirtschafts- und Unternehmensethik-Unterricht aufzuzeigen.

2 Zum Phänomen Whistleblowing

Whistleblowing zählt zu den wahrscheinlich facettenreichsten Themen in der Wirtschafts- und Unternehmensethik. Denn Whistleblower sind mit einer extrem prekären ethisch-moralischen Situation konfrontiert. Dies hat, wie angedeutet, vor allem auch der Fall des ehemaligen NSA-Mitarbeiters Edward J. Snowden gezeigt.

2.1 Begriff und Kontext

Generell können sich Mitarbeiter gegenüber dubiosen Vorkommnissen in ihrer Organisation auf sehr unterschiedliche Weise positionieren (vgl. Nielsen 1987, Noll 2013) – das Spektrum und die Vielfalt der Möglichkeiten sind hierbei durchaus beachtlich:
- gedankenlos wegsehen
- das Wahrgenommene bewusst verdrängen
- opportunistisch mitmachen
- verhandeln und Konsens anstreben
- die Arbeit aus Gewissensgründen verweigern
- drohen, öffentlich auf den Missstand aufmerksam zu machen
- anonym oder offen Protest einlegen
- die bedenklichen Vorgänge sabotieren
- das Unternehmen gewissensbedingt verlassen.

Einige dieser Handlungsoptionen sind schlicht bequem, feige, unmoralisch oder einfach ungeeignet (vgl. Leisinger 2003). Wie angedeutet kreisen die Diskussionen weltweit immer öfter um die Handlungsoption des Whistleblowing. Nicht selten wird die folgende Definition aus dem angelsächsischen Raum für den Begriff „Whistleblowing" herangezogen:

„[...] the disclosure by an employee (or professional) of confidential information which relates to some danger, fraud or other illegal or unethical conduct connected with the workplace, be it of the employer or of fellow employees." (Borrie 1996, S. 141).

Whistleblower sind also Arbeitnehmer, die auf betriebliche Missstände aufmerksam machen, bisweilen auch erst nach Beendigung ihres Beschäftigungsverhältnisses. Mithin geht es nicht um externe Beschwerden aus dem Organisationsumfeld, etwa durch Kunden oder Lieferanten. Das Ziel verantwortungsvoller Whistleblower ist, Transparenz und Aufmerksamkeit zu erreichen, um bestehende Risiken bzw. Miseren zu problematisieren und damit letztlich zu beheben.

Wörtlich ins Deutsche übersetzt bedeutet Whistleblowing „Trillerpfeife blasen". Eine einheitliche inhaltliche Begriffsbildung lässt im deutschsprachigen Raum jedoch noch auf sich warten. Negativ gewendet wird Whistleblowing mit Petzen, Denunziation oder Nestbeschmutzung gleichgesetzt. Neutral formuliert werden das Alarmschlagen, die Hinweisgabe und Risikokommunikation kontextuell zugeordnet. Positiv gesehen steht der Begriff für Mut, Verantwortungsbewusstsein und Zivilcourage am Arbeitsplatz (vgl. Faust 2009a, S. 23). Bisweilen wird Whistleblowing gar zum beruflichen Heroismus überhöht, etwa in manchen Filmdramen und Medienberichten.

Wohl wegen dieser Schwierigkeiten bezüglich einer treffenden Übersetzung wird „Whistleblowing" zumeist als ein feststehender Begriff verwendet und eher selten ins Deutsche übertragen – zumal nach dem Aufsehen erregenden Fall Snowden im Jahr 2013.

Die Empirie hierzulande zeigt, dass Whistleblowing zum einen gehäuft im Kontext mit (waren-) technologischen Problemen auftritt, beispielsweise hinsichtlich apparativer Konstruktionsrisiken oder bezüglich der Gefahren kontaminierter Nahrungs- bzw. Arzneimittel. So wurde durch Whistleblowing etwa die kriminelle Umetikettierung von „Gammelfleisch" in Fabriken und Supermärkten entlarvt. Zum anderen ist Whistleblowing aktuell auch bei Behörden und Dienstleistungsunternehmen vermehrt zu konstatieren – etwa dort, wo Fälle von Korruption, Steuerhinterziehung oder Datendiebstahl enthüllt werden (vgl. Faust 2014a). Eine Auswahl besonders bekannt gewordener Whistleblowing-Fälle zeigt die Abbildung 1.

Einer der ersten prominenten Whistleblowing-Fälle dreht sich um den US-amerikanischen Automobilingenieur **Frank Camps**. Er machte in den 1970er Jahren auf gravierende Sicherheitsmängel beim Ford-Modell „Pinto" aufmerksam. Und tatsächlich kamen bei – an sich harmlosen – Auffahrunfällen Insassen des Pinto ums Leben. In der Folge war die Reputation des Ford-Konzerns nachhaltig geschädigt.

Die Technikerin **Karen Silkwood** wies im Jahr 1974 auf Gefahren durch Plutonium-Kontaminierungen in einem US-amerikanischen Atomkraftwerk hin. Silkwood kam kurz darauf bei einem mysteriösen Autounfall ums Leben. Dieser Whistleblowing-Fall wurde im Jahr 1983 mit Meryl Streep in der Titelrolle verfilmt.

Die Tierärztin **Margrit Herbst** machte Mitte der 1990er Jahre lückenhafte Kontrollen hinsichtlich der Rinderseuche BSE öffentlich. Sie erhielt daraufhin eine fristlose Kündigung von ihrem Arbeitgeber, einem schleswig-holsteinischen Schlachthof. Heute ist weitgehend unumstritten, dass Herbst einen essenziell wichtigen Beitrag zur Aufdeckung von gravierenden Lebensmittelrisiken geleistet hat.

Der Revisor **Erwin Bixler** wies im Jahr 2002 intern darauf hin, dass eine große Bundesanstalt ihre Erfolgsstatistiken über lange Zeit geschönt hatte. In der Folge entstand ein öffentlicher Eklat, in den er unbeabsichtigt hineingezogen wurde. Bixler war gezwungen, aufgrund dieser psychischen Belastungen in den Vorruhestand zu gehen. Kurze Zeit später wurde die Bundesanstalt grundlegend reformiert.

Im Jahr 2006 wurde der hessische Steuerfahnder **Frank Wehrheim** gegen seinen Willen in den Vorruhestand versetzt. Er führte dies auf sein öffentliches Anprangern nicht geahndeter Fälle von Steuerhinterziehung zurück. Drei Jahre später erhielt Wehrheim den Whistleblower-Preis der VDW Vereinigung Deutscher Wissenschaftler und der Juristenorganisation IALANA.

Die Altenpflegerin **Brigitte Heinisch** erhielt eine fristlose Kündigung, nachdem sie gravierende Missstände in einem Berliner Pflegeheim öffentlich gemacht hatte. Mehrere deutsche Gerichte bestätigten diese fristlose Kündigung. Der Europäische Gerichtshof für Menschenrechte jedoch sprach der Altenpflegerin im Jahr 2012 eine Schadensersatzsumme von 15.000 Euro zu.

Abb. 1: Prominente Whistleblowing-Fälle, Quelle: vgl. Bultmann (1997), Deiseroth/Falter (2002), Leisinger (2003), Wolz (2007), Hopmann (2012), Faust (2013)

2.2 Individualethische Gesichtspunkte

Wenn Arbeitnehmer fragwürdige Vorkommnisse enthüllen, so erscheint dies auf den ersten Blick als relativ unproblematisch. Denn an sich schulden Mitarbeiter ihrem Unternehmen zwar Loyalität, aber keinen bedingungslosen Gehorsam (vgl. Leisinger 2008a, S. 178 f.). Faktisch jedoch sind solche Enthüllungen höchst brisant, und sie bewegen sich oft in rechtlichen und moralischen Grauzonen.

Vor diesem Hintergrund lassen sich aufgrund von Studien – in idealtypischer Betrachtung – einige wichtige Persönlichkeitsmerkmale des Whistleblowers ausmachen: Zumeist handelt es sich um Mitarbeiter mit einem hohen Maß an Berufserfahrung und Sachkenntnis. Sie sind tendenziell einem höheren Einkommens- und Bildungslevel zuzurechnen als jene Mitarbeiter, die bestehende Missstände unbewusst übersehen oder bewusst ignorieren. Zudem sind Whistleblower eher unter Arbeitnehmern mit einem überdurchschnittlichen Lebensalter zu finden (vgl. Miceli/Near 1984, S. 695 ff.).

Umstritten ist, ob bzw. inwieweit Whistleblowing geschlechtsspezifisch auftritt. Bisherige Studien weisen eher darauf hin, dass die meisten Whistleblower männlichen Geschlechts sind. Zurückgeführt wird dies auf Aspekte der unterschiedlichen Sozialisation von Männern und Frauen. Auch wird hierbei der Umstand angeführt, dass Männer häufig höhere hierarchische Positionen in Unternehmen bekleiden (vgl. Miceli/Near 1992, S. 121 f.). Whistleblower haben oft einen hohen persönlichen Anspruch an sich und ihre Arbeitsleistungen. Sie verstehen sich – nicht nur im Beruf – häufig als aktiv und handlungsorientiert. Vor allem sind diese Arbeitnehmer regelmäßig durch ein hohes Maß an Mut und Selbstbewusstsein geprägt. Nicht ohne Grund hat der Wirtschaftsethiker Peter Ulrich Whistleblowing als „organisationsbürgerliche Zivilcourage in extremis" (Ulrich 2003, S. 232) bezeichnet.

2.3 Strukturelle und prozedurale Aspekte

Im Rahmen einer ethischen Strukturanalyse (vgl. Abbildung 2) tritt der Whistleblower als kritischer Wirtschaftsbürger auf. Ihm werden betriebliche Missstände offenkundig, und dies kann er grundsätzlich in zwei Richtungen kommunizieren:
- Zum einen in Form des internen Whistleblowing innerhalb des Unternehmens: Er äußert Kritik und moralische Bedenken an unternehmensinterne Adressaten, die jedoch abseits seines üblichen Dienstwegs angesiedelt sind (vgl. DeGeorge 1993, S. 1276; anders jedoch Jubb 1999, S. 78).
- Und zum anderen in Gestalt des externen Whistleblowing, indem er sein persönliches Ethos in der kritischen Öffentlichkeit zur Geltung bringt: Er gibt entsprechende Hinweise an unternehmensfremde Stellen wie Medien, Politiker, Nichtregierungsorganisationen und Strafverfolgungsbehörden (vgl. Salg 2008, S. 53).

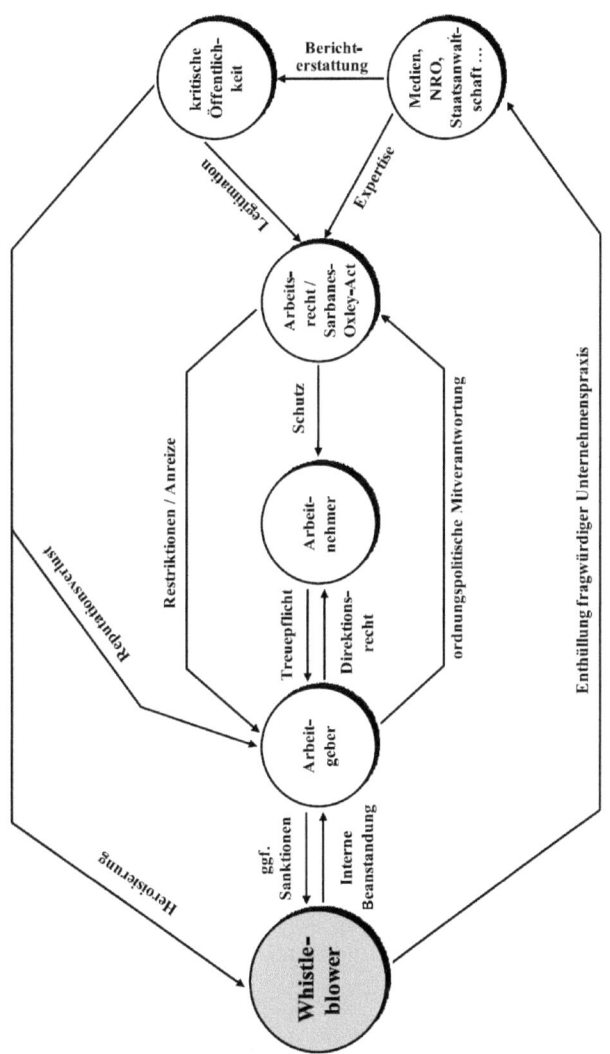

Abb. 2: Strukturanalyse des Whistleblowing, Quelle: in Anlehnung an Ulrich (1997) und Retzmann (2006)

Insbesondere dieses externe Whistleblowing ist ein einschneidender individualethischer Akt von Arbeitnehmern. Arbeitgeber reagieren auf solches Whistleblowing, wie angedeutet, regelmäßig mit strikter Ablehnung oder gar mit harschen Sanktionen. Und die Reaktion dritter Parteien ist meist schwierig abzuschätzen: Sie kann changieren zwischen einem schulterzuckenden Desinteresse, einer deutlichen Missbilligung und einer emphatischen Heroisierung des Whistleblowers.

Whistleblowing besteht selten aus nur einer einzelnen Handlung (vgl. Wolz 2007, S. 21). So kann es regelmäßig auch als ein konfliktbeladener, kommunikativer Prozess aufgefasst werden. Denn die Aktion ist oft der letzte Ausweg nach einer komplexen, langwierigen Kontroverse. Daher ist praktiziertes Whistleblowing häufig ein Signal dafür, dass die üblichen Kommunikationskanäle und die Führungsqualität im Unternehmen defizitär sind (vgl. Weibler/Feldmann 2008, S. 507).

Whistleblowing als einen prekären, längerfristigen Kommunikationsprozess stellt idealtypisch die Abbildung 3 dar. Das Schema zeigt, dass nach einem auslösenden Ereignis („triggering event") der potenzielle Whistleblower meist weitere Informationen zu diesem Sachverhalt sammelt. Danach wägt er in der Regel ab zwischen den Alternativen

- Internes Whistleblowing
- Externes Whistleblowing und
- Abbruch des Prozesses.

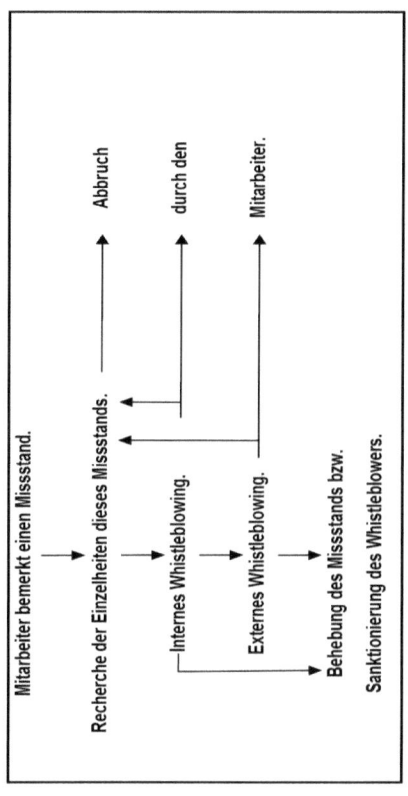

Abb. 3: Prozessschema das Whistleblowing, Quelle: eigene Darstellung in Anlehnung an Miceli/Near 1991, S. 139 ff.

Auch ist aus dem Schema ersichtlich, dass der Prozess zuweilen in mehreren Rückkopplungsschleifen durchlaufen wird. Dies ist etwa dann der Fall, wenn der erste „Warnpfiff" nicht den gewünschten Erfolg gebracht hat bzw. der Whistleblower sich zu einer Meldung an einen anderen Adressaten entschließt – ggf.

nach der Sammlung von neuen Beweisen (vgl. Miceli/ Near 1992, S. 72).

Und die Reaktion des Umfelds im Prozess des Whistleblowing kann, wie angedeutet, sehr unterschiedlich ausfallen. Sie entzieht sich somit vollends einer Schematisierung. Eine Folge dieser Komplexität ist, dass Whistleblowing-Prozesse generell keine eindeutig definierbaren Endpunkte aufweisen (vgl. Miceli/Near 1992, S. 88 f.).

2.4 Whistleblower-Situation: Deutschland versus USA

Nicht nur die Begriffsbildung steckt in Deutschland noch in den Anfängen. Auch die bekannt gewordene Zahl der Whistleblowing-Fälle ist bislang eher gering. Denn Arbeitsrecht und -moral sind hierzulande maßgeblich durch das Direktionsrecht des Arbeitgebers sowie durch die Loyalitätspflicht des Arbeitnehmers geprägt (vgl. Faust 2009a, S. 23).

So besteht derzeit nur ein eher dürftiger rechtlicher Schutz von Whistleblowern. Zwar stehen sie prinzipiell unter der Obhut des Artikels 5 GG (Meinungsfreiheit). Auch können Mitarbeiter die zuständige Behörde informieren, wenn der Arbeitgeber beanstandete Sicherheitsmängel nicht behebt (§ 17 ArbSchG), und sie können sich bei empfundener Diskriminierung an eine externe Ombudsstelle wenden (§ 25 AGG).

Dennoch müssen Whistleblower oft, das zeigen Gerichtsurteile, mit harschen arbeitsrechtlichen Maßnahmen bis hin zu einer fristlosen Kündigung rechnen. Denn ihre Verschwiegenheit und ihre Treuepflicht gegenüber dem Arbeitgeber werden häufig als wichtiger erachtet als ihre Meinungsfreiheit und das (Informations-)Interesse der Öffentlichkeit. Dies führt zu einer erheblichen Verunsicherung potenzieller Hinweisgeber – was in der Tat begründet ist. Denn nicht wenige Whistleblower-Schicksale enden z. B. mit sozialer Isolation, Gesundheitsproblemen, Dauerarbeitslosigkeit und Frühverrentung (vgl. Faust 2014a).

Grundsätzlich anders verhält es sich in Wirtschaft und Berufsleben der USA. Zum einen bestehen weniger gesetzliche Regelungen, insbesondere arbeitsrechtliche Normen, als in Deutschland. Zum anderen wechseln die Jobs der Arbeitnehmer häufig; dies setzt ihrer Loyalität zu Arbeitgebern vergleichsweise enge Grenzen (Faust 2009a, S. 23 f.). Überhaupt ist der angelsächsische Raum weniger als hierzulande von der Pflichtethik des Immanuel Kant (1724–1804) geprägt. Eher bildet die auf Jeremy Bentham (1748–1832) zurückgehende, auf vorteilhafte (rasche) Konsequenzen fokussierte Ethik eine grundlegende Leitidee des Handelns.

So verwundert es nicht, dass Whistleblowing in der US-amerikanischen Wirtschaft und Gesellschaft mittlerweile auf eine gewisse Tradition zurückblicken kann. Die Business Ethics-Forschung in den USA hat sich schon relativ früh mit dem Phänomen Whistleblowing befasst. Als Weg weisend gelten insoweit die Studien von Marcia Miceli und Janet Near aus den 1980er Jahren. Spätestens seit den 1990er Jahren haben sich verschiedene Nichtregierungsorganisationen etabliert, deren Zielsetzung es ist, Whistleblowing ideell und materiell zu unterstützen. Und ein großes US-Nachrichtenmagazin deklarierte das Jahr 2002 sogar zum „Year of the Whistleblower".

Der US-amerikanische Gesetzgeber erließ zum Whistleblower-Schutz bereits 1986 den so genannten Whistle Blower Protection Act. Im Jahr 2002 wurde, wegen einer weiteren Vielzahl von Unternehmensskandalen, der Sarbanes-Oxley Act in Kraft gesetzt. Dieser baute den Schutz für Whistleblower nochmals aus: In börsennotierten Unternehmen wurde ihnen ein Schutz vor jeglicher Diskriminierung zugestanden. Bei erlittener Schädigung hat der Whistleblower sogar Schadensersatzansprüche gegen das jeweilige Unternehmen (vgl. Wolz 2007, S. 14).

Allerdings bedeutet dies nach wie vor nicht, dass Whistleblower in den USA einen leichten Stand haben. Denn die Schutzgesetze sind sehr komplex und für viele Laien schwer verständlich. So ist eine Zersplitterung der Regelungen sowohl hinsichtlich der Lebensbereiche als auch hinsichtlich der Bundesstaaten zu konstatieren. Zudem bürden die Gesetze dem Whistleblower oft die Beweislast bezüglich des beanstandeten Sachverhalts auf (vgl. Graser 2000, S. 104 f.).

Und ob die Gesetze den Whistleblower vor Mobbing und ähnlich diffusen Repressalien hinreichend schützen, muss nach wie vor bezweifelt werden (vgl. Salg 2008, S. 54). Mehr noch: Die Kritik merkt teilweise an, dass Schutzgesetze den (potenziellen)

Whistleblower in einer trügerischen Sicherheit wiegen. So gesehen sind die US-Gesetze faktisch oft noch gegen den Whistleblower gerichtet (vgl. Faust 2009a, S. 24).

2.5 Legitimität des Whistleblowing

Selbstverständlich haben Whistleblower das Recht und die Moral nicht für sich „gepachtet". Bisweilen verfügen sie nur über mangelhafte Sachinformationen und befinden sich somit unbewusst in einer Irrtumssituation.

Tatsächlich ist es oft nicht einfach, verantwortungsvolles Whistleblowing von Irrtum oder gar von verwerflichem Verrat zu unterscheiden. Folgende Merkmale können z. B. dafür sprechen, dass ein Whistleblower Fairplay- und Legitimitätsanforderungen verletzt (vgl. Zimmerli/Aßländer 1996, S. 42 f.):

- Geschäftsgeheimnisse oder andere sensible Daten werden veröffentlicht, obwohl sie nicht zum beanstandeten Sachverhalt gehören; oder geplante Vorhaben werden bereits angeprangert, obwohl ihre Realisation noch mehr als unsicher ist.
- Es werden fadenscheinige Vorwürfe und Bedenken vorgebracht, die in Wahrheit jedoch auf die Schädigung unliebsamer Personen abzielen.
- Eine allgemeine und pauschale Kritik wird erhoben (z. B. Inkompetenz des Managements), aber es ist kein konkretes Fehlverhalten ersichtlich.

Oder umgekehrt wird ein bestimmtes Fehlverhalten zwar konkret benannt, aber es werden keine stichhaltigen Beweise geliefert.
- Eine Maßnahme des Unternehmens (z. B. Arbeitsvertragskündigung) wird angeprangert, obwohl ein gut nachvollziehbarer Grund hierfür vorliegt (z. B. Verfehlungen des gekündigten Mitarbeiters).

Auf der anderen Seite gibt es aber auch Fallkonstellationen, bei denen externes Whistleblowing gut begründet sein kann. Dies kann beispielsweise dann angenommen werden, wenn folgende Merkmale und Bedingungen erfüllt sind:

- Das Unternehmen bzw. dessen Mitarbeiter gehen vermeidbare Risiken für Leben, Gesundheit und das friedliche Zusammenleben von Menschen ein. Oder sie fügen Dritten eine erhebliche (materielle) Schädigung zu.
- Die Verantwortlichen innerhalb des betreffenden Unternehmens bleiben untätig, obwohl der Missstand angezeigt wurde und eindeutig nachgewiesen ist.
- Es besteht eine hinreichende Aussicht auf die Behebung des Missstands als unmittelbarer Folge der Enthüllung. Dabei hat eine sorgfältige Abwägung zwischen den absehbaren Chancen und Risiken des Whistleblowing stattgefunden.
- Der Whistleblower will nicht primär einen Nutzen aus seiner Enthüllung ziehen, sondern er geht mit seiner Aktion sogar erhebliche persönliche Risiken ein (vgl. Deiseroth 2004, S. 124).

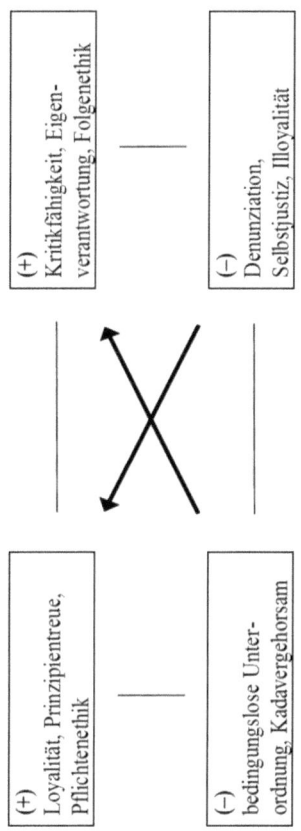

Abb. 4: Pflichtenkollision bei Whistleblowing, Quelle: in Anlehnung an Schulz von Thun 1989, Faust 2007

Insgesamt ist die dilemmatische Komplexität für den (potenziellen) Whistleblower nahezu einzigartig: Seine Loyalitätspflicht gegenüber dem Arbeitgeber, seine Verantwortung gegenüber dem Wohl der Allgemeinheit, der Arbeitskollegen, der (familiären) Umgebung und der eigenen Person rufen nach einer tragfähigen Balance (vgl. Faust 2014a, S. 100). Schematisiert zeigt Abbildung 4 dieses dialektische Spannungsfeld, in dem (potenzielle) Whistleblower sich befinden.

2.6 Neue „Orte" der Ethik

Vor diesem Hintergrund werden neue Konzepte zur Konflikt-Deeskalation sowie „Orte" der Ethik reflektiert und erprobt; dies gilt sowohl für die Arbeitgeber- als auch für die Arbeitnehmerseite.

2.6.1 Die Seite der Arbeitnehmer

Es liegt auf der Hand, dass viele Arbeitnehmer den in Abbildung 4 skizzierten Balanceakt aus eigener Kraft nicht meistern können. Doch trotz aller Widrigkeiten: Nicht wenige Whistleblower würden ihre Aktion wiederholen, da sie andernfalls mit ihrem Gewissen und ihren moralischen Empfindungen nicht ins Reine gekommen wären (vgl. Lindbloom 2007, S. 413).

Doch auch in Staat, Wirtschaft und Gesellschaft wächst hierzulande zunehmend die Einsicht, dass aufrechte und integre Whistleblower für ein Gemeinwesen essenziell wichtig sind. Dies zeigen exemplarisch auch einige Fälle, die in Abbildung 1 beschrieben werden.

So sind derzeit in Deutschland Gesetzesnovellen zur Stützung von Whistleblowern in der Diskussion, beispielsweise hinsichtlich einer Reform des § 612a BGB (Maßregelungsverbot des Arbeitgebers). Speziell für Beamte ist seit einiger Zeit das externe Whistleblowing legalisiert, wenn ein durch Tatsachen begründeter Verdacht auf Korruption vorliegt. Dies ist in § 67 BBG bzw. in § 37 BeamtStG kodifiziert (vgl. Faust 2009b).

Ein neuerer, arbeitnehmerseitiger „Ort" der Ethik ist auch die gewerkschaftliche Whistleblower-Beratung. Außerdem nehmen sich kirchliche Institutionen zusehends dieser Thematik aus seelsorgerischer Perspektive an. Und nicht zuletzt wurden hierzulande bereits einige Selbsthilfegruppen und Whistleblower-Netzwerke gegründet.

2.6.2 Die Seite der Arbeitgeber

Aber auch für Unternehmen und andere Organisationen impliziert Whistleblowing einzigartige, gleichzeitig sehr ambivalente Gesichtspunkte. Einerseits besteht die viel versprechende Chance, dass frühzeitig wertvolle (Risiko-)Informationen gewonnen werden. Andererseits existiert indes die Gefahr eines jähen, unvorhergesehenen Verlusts von Vertrauen und Legitimität, was in der Regel auch die ökonomische Situation der Organisation belastet (vgl. Weibler/Feldmann 2008, S. 507).

Offenbar werden sich Organisationen dieser Einzigartigkeit des Whistleblowing zunehmend bewusst – insbesondere dann, wenn sie bereits in einen Eklat verwickelt waren. So sind auch sie, oft unterstützt von Consultants, Handelskammern und Unternehmensverbänden, auf der Suche nach neuen „Orten" der

Ethik: beispielsweise Ombudspersonen und Ethik-Beauftragte (vgl. Faust 2006, S. 242).

Auch innovative technische Infrastrukturen zur Konfliktkommunikation werden aktuell immer häufiger entwickelt. Bislang wurden für diese Zwecke oft allenfalls telefonische Ethik-Hotlines geschaltet. Doch seit einiger Zeit sind immer mehr Unternehmen auch damit befasst, Internet-gestützte Hinweisgebersysteme einzuführen (vgl. Altenburg 2008, Faust 2014a).

Durch diese technischen Innovationen werden sich konfliktbeladene Kommunikationsprozesse künftig vermutlich ändern. Eine Stärke dieser IT-Systeme ist, dass sie einen längerfristigen, anonymisierten Informationsaustausch über Missstände ermöglichen. Auf diese Weise kann das kritisch-konstruktive Potenzial von Mitarbeitern frühzeitig und systematisch Beachtung finden. Eine mögliche Schwäche dieser Systeme ist indes, dass sie einer ungerechtfertigten Whistleblowing-Inflationierung und damit der Denunziation Vorschub leisten.

Insgesamt tragen Arbeitgeber durch die aufgeführten Instrumente und Ansatzpunkte einerseits dem Fürsorgegedanken Rechnung. Denn sie können auf diese Weise ihre Mitarbeiter vor moralischer Überforderung und tragischem Heldentum bewahren. Und andererseits sind interne Hinweisgebersysteme oft konstitutive Bausteine eines organisationalen Risikomanagements. Damit kann ein wohlverstandenes ethisches Frühwarnsystem unterstützt und entwickelt werden.

3 Whistleblowing im Wirtschafts- und Unternehmensethik-Unterricht

Vor diesem Hintergrund stellt sich die Frage, inwieweit die Whistleblowing-Thematik ein geeigneter Gegenstand für einen zeitgemäßen, fruchtbaren Wirtschafts- und Unternehmensethik-Unterricht ist.

Manche Kritiker führen an, das Thema sei allzu brisant und umstritten. So prallen hier bisweilen, wie angedeutet, deontologische und konsequenzialistische Ethiken unversöhnlich aufeinander. Deontologische, auf Immanuel Kant verweisende Ethiken richten den Blick auf das moralisch Richtige, das sie aus universalen moralischen Prinzipien ableiten. Konsequenzialistische, auf Jeremy Bentham verweisende Ethiken fokussieren hingegen auf das Gute, welches sie anhand der Folgen alternativer Handlungen für das Wohlergehen aller Betroffenen ermitteln (vgl. Retzmann 2005, S. 15).

Demnach könnte der Ethik-Unterricht in aufgeheizte Emotionalität abgleiten, die einem gedeihlich-konstruktiven Lernklima abträglich ist. Gerade bei schwierigen ethischen Dilemma-Situationen gilt es nämlich, sorgfältig zu analysieren und einen kühlen Kopf zu bewahren. Mehr noch: Den Lernenden drohen gar psychische Schäden, wenn sie mit unlösbaren moralischen Extremsituationen konfrontiert werden (vgl. Lind 2009).

Auch kann argumentiert werden, dass Whistleblowing als Unterrichtsthema zu einer allzu einseitigen Fokussierung auf die Individualethik im Wirtschaftsleben führt – dort, wo stattdessen vor allem institutionelle Spielregeln in den Blick zu nehmen sind (vgl. Homann/Blome-Drees 1992).

Whistleblowing kann also als Thema für den Ethik-Unterricht durchaus angefeindet werden. Im Folgenden soll trotzdem (oder gerade deswegen) untersucht werden, ob bzw. inwieweit die skizzierten Spannungsfelder in einen innovativen, gleichzeitig gehaltvollen Wirtschaftsethik-Unterricht integrierbar sind.

3.1 Whistleblowing und die Prinzipien wirtschaftsethischer Bildung

Um in einem fruchtbaren Wirtschafts- und Unternehmensethik-Unterricht Berücksichtigung zu finden, sollte die Whistleblowing-Thematik die grundlegenden Prinzipien guter wirtschaftsethischer Bildung adressieren. Im Einzelnen sind hierbei vier didaktische Gesichtspunkte essenziell (zum Folgenden vgl. Retzmann 2006).

3.1.1 Kontextualität

Moralisch herausfordernde Situationen existieren nicht in einem Vakuum, sondern sie sind immer in spezifische Kontexte eingebunden. Dementsprechend findet (berufliches) moralisches Handeln unter restriktiven situativen Bedingungen statt. Diese Bedingungen beschränken oft die Freiheitsgrade des Handelns und erschweren dann die bruchlose Umsetzung moralischer Normen im ökonomischen Handeln. Als Situation, in der solche restriktiven kontextuellen Handlungsbedingungen essenziell sind, stellt sich auch das Whistleblowing dar.

Wirtschaftsethische Lehr-Lern-Arrangements haben daher den situativen Kontext des moralischen Handelns auf Märkten, in Organisationen und bei sonstigen Akteuren zu berücksichtigen. Essenzielles Ziel des Ethik-Unterrichts ist somit, den gesamten Handlungszusammenhang in die Reflexionen einzubeziehen. So ist etwa eine einseitige Personalisierung des Whistleblowing-Phänomens vor allem dort zu vermeiden, wo eine Analyse defizitärer sozialer Strukturen erforderlich ist.

3.1.2 Historizität

Whistleblowing als ethisch-moralische Herausforderung ist – ebenso wie die wirtschaftsethischen Institutionen und Standards – ein Resultat soziohistorischer Entwicklungsprozesse. Und zugleich sind diese Institutionen und Standards wiederum Ausgangspunkte für künftige Herausforderungen. Diese Historizität befördert zudem Identität – die personale Identität eines Individuums ebenso wie die korporative Identität eines Unternehmens oder die kollektive Identität einer Gesellschaft.

Zu bedenken ist somit zum einen, welche Entwicklungspfade zu der Whistleblowing-Situation mit ihren moralischen Anforderungen, Qualitäten und Defiziten geführt haben. Zum anderen ist zu reflektieren, welche Entwicklungspfade mit den anstehenden Entscheidungen beschritten, eröffnet oder versperrt werden. Statt historisch isolierter Situationen, deren Genese oft unklar bleibt, sollten daher zusammenhängende Situationssequenzen zum Unterrichtsgegenstand gemacht werden. Insoweit kann hier exemplarisch auf das Whistleblowing-Ablaufschema (vgl. Abbildung 3) verwiesen werden.

3.1.3 Komplexität

Individual- und unternehmensethische Dilemma-Situationen wie Whistleblowing sind selten so einfach strukturiert wie die hypothetischen „Laborfälle" in manchen Lehrbüchern, die oft nur mit wenigen Stichworten skizziert werden. Besonders die kritischen externen Whistleblowing-Situationen mit ihren facettenreichen moralischen Herausforderungen sind in aller Regel hochgradig komplex.

So erfordert ihre ethische Reflexion oft die gleichzeitige Beachtung gesetzlicher Vorschriften, moralischer Prinzipien, kultureller Gepflogenheiten, wirtschaftlicher Anreize, individueller Eigenheiten, etc. Die aufzuspürenden Lösungsoptionen bei Whistleblowing-Fällen setzen daher eine Entschlüsselung komplexer Handlungs- und Lebensverhältnisse voraus.

Die notwendigen analytischen Fähigkeiten gilt es, durch eine entsprechende didaktische Gestaltung des Lehr-Lern-Prozesses zu trainieren. Das jeweils zu berücksichtigende Leistungsvermögen der Lernenden verlangt einerseits zwar oft eine Reduktion; andererseits verbietet aber der Praxisbezug (auch beim Thema Whistleblowing) eine „simplification terrible" in der Ausbildung. Ziel ist also, einen unzulänglichen Unterricht und eine „deformation professionelle" zu vermeiden (vgl. Leisinger 2008b, S. 45).

3.1.4 Kontroversität

Die moralische Urteilskraft der Schüler bzw. Studierenden wird durch die Auseinandersetzung mit Widersprüchlichkeiten herausgefordert. Und eben dadurch wird auch die Weiterentwicklung der Reflexionsbereitschaft und -fähigkeit stimuliert.

Schon aufgrund dieser lern- und entwicklungspsychologischen Erwägungen ist eine Kontroversität wie bei Whistleblowing-Fällen essenziell für den Ethik-Unterricht. In demokratisch verfassten Gemeinwesen und pluralistischen Gesellschaften ist sie eine Basis der Wertebildung. Auch von daher sollten die Lehr-Lern-Arrangements Kontroversität erlauben und nicht notwendigerweise eine Auflösung anstreben. Die Vermittlung vorgefertigter, „richtiger" Werte und Normen ist somit zu vermeiden.

Die Kontroversität ist nicht nur für Whistleblowing, sondern auch für viele andere moralische Konflikte in der Praxis typisch. Bei einem moralischen Dilemma hat der Handelnde zwischen mindestens zwei konfligierenden Werten eine Wahl zu treffen. Für jede Handlungsalternative gibt es sowohl Pro- als auch Contra-Argumente. Entscheidungsprozesse sind angesichts dieser Ambiguität also durch eine hohe Kontroversität gekennzeichnet.

Ethisch-moralische Herausforderungen wie Whistleblowing stellen sich jedoch nicht immer in der Form eines Dilemmas, bei dem eine moralische Pflicht gegen eine andere moralische Pflicht steht. Auch wenn eine moralische Pflicht gegen bloße egoistische Neigungen (etwa Karriereambitionen) steht, ist die Zumutbarkeit moralischen Handelns angesichts der individuellen Nachteile oftmals ein Gegenstand von Kontroversen.

Als Zwischenfazit kann somit festgehalten werden, dass das Thema Whistleblowing exemplarisch und in sehr facettenreicher Weise den vier didaktischen Prinzipien der wirtschafts- und berufsmoralischen Bildung (vgl. Retzmann 2006) Rechnung trägt.

3.2 Unterrichtsziele

Am Beispiel des Whistleblowing kann also die Fähigkeit der Lernenden zur ganzheitlichen Sicht auf gesellschaftliche, moralökonomische und individualethische Phänomene gefördert werden.

Vor diesem Hintergrund ist es ein wesentliches Ziel, die Schüler bzw. Studierenden anzuregen und zu befähigen, sich mit dem Phänomen Whistleblowing kritisch auseinander zu setzen. Wichtig ist hierbei, die Systemzusammenhänge und die Interessenkonflikte innerhalb einer komplexen, arbeitsteiligen Gesellschaft zu erkennen. Dies kann als Basis dienen, um als

Individuum im Berufsleben auch die moralischen Dimensionen in Handlungs- und Entscheidungssituationen zu berücksichtigen (vgl. GPJE 2004, S. 13 f.). Generell können aufgeklärte, mündige Wirtschaftsbürger ihre Entscheidungen gut begründen, und sie sind sich der Folgen ihrer Handlungen im Arbeits- und Wirtschaftsleben bewusst (vgl. DeGöB 2004, S. 5 f.).

Dass die Basis hierfür generell in einem möglichst frühen Lebensalter gelegt werden sollte, liegt klar auf der Hand. Bereits der Volksmund weiß: Was Hänschen nicht lernt, lernt Hans nimmermehr. Erforderlich ist daher, dass eine qualifizierte moralische Erziehung nicht nur im Elternhaus, sondern auch in Kindergarten und Schule stattfindet (vgl. Nietsch 2013, S. 47). Aber auch an Hochschulen und Business Schools rücken Charakter, Reflexionsvermögen und Handlungskompetenz der Individuen zunehmend in den Fokus des Interesses (vgl. Haase 2008, S. 220 f.).

Im Kontext des Whistleblowing-Themas kann speziell die Fähigkeit entwickelt werden, mit guten Gründen, aber auch mit unterstützender „Rückendeckung" unethische Zumutungen zu überwinden. Unterrichtsziel kann indes keinesfalls sein, Whistleblowing zu „dem" Königsweg des Handelns zu erheben. Auch allgemein befindet sich die Zahl der Fälle, in denen moralisch unumstrittene Erkenntnisse und Entscheidungen möglich sind, auf einem absteigenden Ast (vgl. Horster 2004, S. 226 f.).

Zunächst kommt es vielmehr darauf an, Fähigkeiten zum argumentativen Abwägen der jeweiligen Fallkonstellation zu entwickeln. Insoweit geht es um

Maßstäbe für verantwortungsvolles Whistleblowing – in Abgrenzung zur unmoralischen Denunziation. Doch sollte den Schülern bzw. Studierenden deutlich werden, dass selbst gut begründetes (externes) Whistleblowing oft viele Verlierer hinterlässt. Wichtig ist daher, „Orte" der Ethik zu erkunden, die sowohl die Beseitigung eines Missstands als auch eine frühzeitige Deeskalation bei aufkommenden Eklats ermöglichen.

So zeigt das Beispiel des Revisors Erwin Bixler (vgl. Abbildung 1), dass er arglos und unvorbereitet in eine öffentliche Whistleblowing-Situation hineingezogen wurde. Ausgangspunkt war ein spontanes Interview, das er diversen Medienvertretern gab. In der Folge entglitt Bixler die Lage zusehends, so dass er ungewollt einerseits zum Helden in den Medien und andererseits zum „roten Tuch" für seinen Dienstherrn und Kollegenkreis wurde.

Nicht zuletzt kann durch die Beschäftigung mit dem Thema Whistleblowing sozusagen en passant die Sprach- und Medienkompetenz der Lernenden ausgebaut werden. Weil die Thematik zunächst im angloamerikanischen Raum „entdeckt" wurde, liegt ein großer Teil der Fachliteratur in englischer Sprache vor. Und bei der Analyse aktueller Fallkonstellationen ist meist eine qualifizierte, zielgerichtete Online-Recherche erforderlich.

In einer Gesamtschau zeigt Abbildung 5 die hauptsächlichen Zielsetzungen – nämlich welche Fähig- und Fertigkeiten das Unterrichtsthema Whistleblowing bei den Lernenden fördern kann.

> **Ökonomische Fachkompetenz:** Analyse der wirtschaftlichen Konsequenzen von Missständen und kriminellen Handlungen einerseits sowie von Whistleblowing andererseits.
>
> **Wertekompetenz:** insbesondere die Bereitschaft und Fähigkeit zur Reflexion und zum Perspektivenwechsel sowie zur rationalen Argumentation und Güterabwägung.
>
> **Handlungskompetenz:** die Fertigkeit, gut begründete Entscheidungen vorzubereiten, in die Realität umzusetzen und die Folgewirkungen zu evaluieren.
>
> **Medien- und Sprachkompetenz:** vor allem durch die Hinzuziehung von (englischsprachiger) Fachliteratur und die zielorientierte Internet-Recherche.
>
> **Soziale und kommunikative Kompetenz:** insbesondere etwa bei Dilemma-Diskussionen, Praxiskontakten und Whistleblowing-Rollenspielen.

Abb. 5: Kompetenzentwicklung am Beispiel Whistleblowing, Quelle: vgl. Faust 2014a, S. 100

3.3 Lernvoraussetzungen

Grundsätzlich kann ein recht großer Adressatenkreis vom Unterricht zum Thema Whistleblowing profitieren. Als Zielgruppen sind, wie angedeutet, zum einen (Wirtschafts-)Gymnasiasten sowie Berufs(fach)-Schüler angesprochen. Zum anderen wendet sich der Unterricht an Studierende an Akademien, Business Schools und an (Fach-)Hochschulen. Nicht zuletzt ist die Thematisierung von Whistleblowing auch im Rahmen der politischen bzw. beruflichen Erwachsenenbildung durchaus fruchtbar.

Allerdings impliziert das Whistleblowing-Thema einige, teils anspruchsvolle Lernvoraussetzungen. Zunächst erforderlich sind bei den Schülern bzw. Studierenden gewisse Vorkenntnisse im Bereich der Ökonomik und der Funktionsmechanismen der wettbewerbsorientierten Marktwirtschaft. Zuträglich ist auch Basiswissen über das Spektrum und die gesellschaftliche Rolle von Medien, staatlichen Akteuren und Nichtregierungsorganisationen.

Grundkenntnisse im Arbeits- und im Betriebsverfassungsrecht sind zumindest förderlich. In diesem Kontext ist es hilfreich, dass sowohl das Individualarbeitsrecht (Rechte und Pflichten aus dem Arbeits- bzw. Ausbildungsvertrag) als auch das Kollektivarbeitsrecht (Tarifvertragsrecht, Betriebsverfassungsgesetz etc.) häufig ein curricularer Bestandteil der ökonomischen Bildung sind. Die spezifische Whistleblowing-Thematik kann daran anknüpfen und als Anwendungsexempel für erworbene Kenntnisse genutzt werden (vgl. Faust 2014a, S. 101).

Zuträglich sind nicht zuletzt auch Basiskenntnisse grundlegender ethischer Traditionen und Argumentationsansätze; dies gilt insbesondere für Studierende an Hochschulen. Zielführend ist hier, entsprechende Basis- bzw. Parallel-Lehrveranstaltungen vorzusehen, die ein theoretisches Fundament legen bzw. die vorhandenen Kenntnisse ausbauen (vgl. Löhr 2005, S. 79).

Die Annahme indes, dass Kenntnisse über Ethiktheorien bereits notwendigerweise zu ethischem Verhalten führen, wird in der Literatur allgemein als intellektualistisches Missverständnis beschrieben (vgl. bereits Heymann 1975). Positiv gewendet: Zum ethischen Wissen müssen immer auch persönliche Haltung, Moralität und Kompetenz hinzutreten, um entsprechendes Handeln hervorzubringen (vgl. Pieper 1994, S. 44).

3.4 Lehrvoraussetzungen

An sich ist ein gut ausgebildetes Lehrpersonal selbstverständlich für einen qualitativ gehaltvollen Unterricht. Dies stellt jedoch gerade bei einem jungen Themenfeld wie der Wirtschafts- und Unternehmensethik eine gewisse Hürde dar: Gemessen an der Zahl der Hochschullehrstühle ist hierzulande eine eher mangelnde Institutionalisierung der Wirtschaftsethik zu konstatieren. Und oft ist eine erhebliche Diskrepanz feststellbar zwischen

- der (finanziellen) Ausstattung unternehmensethischer Lehrfächer einerseits und
- dem allgemeinen Ruf nach moralischem Handeln in der Wirtschaft andererseits (vgl. Löhr 2005, S. 75).

Darüber hinaus existieren indes spezialisierte Studiengänge zu verwandten Themenfeldern. Auch Akademien und Forschungszentren setzen ihren Fokus verstärkt auf wirtschafts- und unternehmensethische

Themengebiete (vgl. Küpper/Schreck 2008, S. 76 ff.). Demnach stehen die Chancen nicht schlecht, dass unmittelbar praxisrelevante Themen wie Whistleblowing vermehrt Einzug in die akademischen Diskurse halten. Der Wirtschaftsethik-Unterricht an Schulen könnte jedenfalls auch als eine Keimzelle fungieren, um künftige Lehrer-Generationen für dieses Themenfeld zu begeistern.

Korrespondierend zur Zielgruppe der Lernenden sind zum einen Wirtschafts- und Politiklehrer an (Wirtschafts-)Gymnasien und Berufs(fach)-Schulen als Lehrende adressiert. Der Unterricht zum Thema Whistleblowing wendet sich aber auch an Dozenten an Akademien, Business Schools und (Fach-)Hochschulen. Und nicht zuletzt sind hierbei auch Lehrkräfte im Bereich der (politischen) Erwachsenenbildung angesprochen.

Dabei haben Lehrende ggf. auf eine sachgerechte Einbindung des Themas in das jeweilige Curriculum zu achten. Wirtschafts- und unternehmensethische Inhalte finden sich in vielen Bildungsplänen allgemeinbildender und beruflicher Schulen. In Hessen z. B. sollen laut der dortigen Gymnasiallehrpläne sowohl im Fach „Ethik" als auch im Fach „Politik und Wirtschaft" wirtschaftsethische Inhalte thematisiert werden (vgl. Hessisches Kultusministerium 2010a/ 2010b). Die Whistleblowing-Thematik kann insbesondere dort integriert werden, wo es um – bislang oft vernachlässigte – individualethische Aspekte in der Marktwirtschaft geht. So sollen etwa laut den Gymnasiallehrplänen einiger Bundesländer auch ökonomische Menschenbilder im Ethik-Unterricht reflektiert werden (vgl. Faust 2014a, S. 101).

Generell sind Kenntnisse der Lehrenden über aktivierende Unterrichtsmethoden empfehlenswert – besonders etwa Realbegegnungen und andere komplexe Konzepte ökonomischer Bildung, beispielsweise
- Fallbeispiele und -studien,
- Nutzwertanalysen,
- Concept Maps,
- Pro- und Contra-Debatten sowie
- Konflikt- und Produktlinienanalysen.

Durch solche Unterrichtsmethoden sind Lehrkräfte in besonders wirkungsvoller Weise in der Lage, die Entwicklung individueller Kenntnisse und Kompetenzen der Lernenden zu fördern (vgl. Faust 2014a, S. 100 f.).

Lehrende können die allgemeinen Ethiktheorien und die wirtschaftsethischen Grundlagen durchaus innerhalb eines größeren Unterrichtsplenums vermitteln. Doch Detailaspekte von Whistleblowing und aktivierende Unterrichtssequenzen eignen sich vor allem für den Kleingruppen-Unterricht, also für Seminare, Projekte, Tutorien und ähnliche Unterrichtsformen. Eingehende Dilemma-Diskussionen und komplexe Rollenspiele sind somit in dem überfüllten Auditorium Maximum einer Hochschule eindeutig deplatziert.

Lehrende sollten den Unterricht zu Whistleblowing-Themen jeweils adressatengerecht justieren: Sowohl Vorkenntnisse und Leistungsvermögen der Lernenden als auch die organisatorischen Rahmenbedingungen sind in der Praxis höchst heterogen. Und aus inhaltlicher Perspektive ist auch jeder Whistleblowing-Fall anders gelagert. Aus diesem Grunde bedarf es einer hinreichenden Flexibilität der Lehrenden im Unterricht. Allerdings ist vor einer bloßen Beliebigkeit zu warnen. Denn eine Konsistenz und Transparenz der grundlegenden Werteannahmen sind in der Lehre der Wirtschafts- und Unternehmensethik unerlässlich (vgl. Löhr 2005, S. 77).

Speziell im Whistleblowing-Kontext kommt noch ein weiterer Aspekt hinzu: Lehrende müssen persönlich ein Gespür dafür entwickeln, wann es im Unterricht erforderlich ist, in allzu hitzige, emotional belastende Debatten steuernd einzugreifen. Somit ist anzuraten, bereits die zu diskutierenden Whistleblowing-Fallsituationen auf die emotionalen und kognitiven Fähig- und Fertigkeiten der Lernenden abzustimmen. Insofern ist das wichtige Thema der Individualethik also auch auf einer zweiten Ebene adressiert – nämlich hinsichtlich des Berufsethos der lehrenden Personen (vgl. Kesselring 2009, S. 318 ff.).

Für eine gehaltvolle Lehre der Wirtschafts- und Unternehmensethik sollte schließlich – nicht nur beim Thema Whistleblowing – eine hinreichende Ausstattung mit aktuellen Lehr- und Lernmitteln gegeben sein (vgl. Löhr 2005, S. 75). Hilfreich ist daher, wenn Lehrkräfte auf gute, fachlich und didaktisch aufbereitete Sachinformationen nebst entsprechender Unterrichtsmaterialien zugreifen können. In dem folgenden Abschnitt soll u. a. dieser Punkt genauer betrachtet werden.

3.5 Unterrichtsablauf und -materialien

In der Regel ist das Whistleblowing-Thema für die Lernenden ein unbekanntes Terrain. Einführend sollten Lehrkräfte daher anschauliche „Appetithappen" in Form aktueller Fallbeispiele aus der Wirtschaftspraxis anbieten, etwa aus Tagespresse und Fachzeitschriften.

Weiterhin können einschlägige Rechtsnormen (z. B. aus dem Arbeitsrecht) sowie grundlegende Theorieperspektiven in dieser Einführungsphase vorgestellt werden. Dabei sollte es gelingen, die Praxisfälle mit den Rechtsnormen und Theorieperspektiven stimmig zu verknüpfen. Um zunächst Distanz zu der prekären Whistleblowing-Thematik zu wahren, sollten die Schüler bzw. Studierenden die Perspektive von neutralen Beobachtern einnehmen. Nicht zuletzt sollte ein geplanter Praxiskontakt bereits in dieser Phase angefragt und vorbereitet werden, da dies erfahrungsgemäß recht zeitaufwändig ist (vgl. Faust 2014a, S. 101).

Die Vertiefung der Whistleblowing-Thematik im weiteren Unterrichtsverlauf sollte zunehmend reflexive Elemente einbeziehen. Dabei ist anzustreben, auch Vorkenntnisse der Lernenden aus anderen Kontexten zu aktivieren. Aus der Literatur bietet sich hier beispielsweise die Figur des Michael Kohlhaas an.

In der folgenden Phase sollten die Schüler bzw. Studierenden motiviert werden, sich Dilemmata und Alternativen bei Whistleblowing-Situationen selbstständiger zu erschließen, etwa anhand institutioneller „Orte" der Ethik in der Marktwirtschaft (vgl. Abbildung 2) sowie anhand der Funktionsweise neuer elektronischer Hinweisgebersysteme. Verbunden hiermit ist ein schrittweiser Wechsel hin zu Perspektiven diverser anderer Whistleblowing-Stakeholder.

Dies kann insbesondere durch Literatur- und Internet-Recherchen bzw. den erwähnten Praxiskontakt vertieft werden. Mögliche Ansprechpartner für einen solchen Praxiskontakt sind etwa Akteure der staatlichen Rahmenordnung (Bundes- bzw. Landesbehörden), arbeitgeber- bzw. -nehmernahe Institutionen (z. B. Wirtschaftsverbände, Gewerkschaften), unternehmensexterne Ombudspersonen, Nichtregierungsorganisationen (beispielsweise Whistleblower-Netzwerke) sowie Unternehmensberatungen bzw. Software-Firmen, die elektronische Hinweisgebersysteme erstellen (vgl. Faust 2014a, S. 105).

In einem weiteren Unterrichtsstadium könnte ein Whistleblowing-Rollenspiel anhand von Rollenkarten in den Blick genommen werden. Hierbei treten „Orte" der Ethik in Form konkreter Funktionsträger (etwa Vorgesetzte, Ombudspersonen, Betriebsräte und Compliance-Beauftragte) in Erscheinung. In diesem Rollenspiel verlassen die Lernenden vollends die Perspektive neutraler Beobachter: Sie werden nun vor allem als maßgebliche Akteure, unmittelbar betroffene Adressaten und intervenierende Bürger mit der Whistleblowing-Thematik konfrontiert. Dabei liegen Erkenntnisziele u. a. darin,
- dass sowohl rein organisationsinterne Defizite als auch Missstände mit Außenwirkungen auftreten können und

- dass Unternehmen und andere Organisationen nicht selten eine Doppelrolle einnehmen – sowohl als Verursacher als auch als Opfer von Missständen.

Darüber hinaus ist wichtig zu erkennen, dass Whistleblowing in diesen Kontexten
- einerseits Möglichkeiten eines Innovationsimpulses sowie einer konstruktiven Streitschlichtung beinhaltet (z. B. mittels einer neutralen Ombudsperson) und
- andererseits Risiken einer unkontrollierbaren Konflikteskalation bestehen (wenn etwa Unternehmensmissstände einem Sensationsreporter zu Ohren kommen).

Formale Aspekte:
→ Inwieweit waren die Rahmenumstände des Gesprächs bzw. Praxiskontakts angemessen?
→ War dabei die Atmosphäre eher kooperativ oder konfrontativ?
→ Herrschte eher Sachlichkeit oder eher Emotionalität vor?

Inhaltliche Aspekte:
→ Wo war der thematische Fokus des Gesprächs bzw. Praxiskontakts?
→ Welche Punkte wurden angesprochen, was wurde ausgeklammert?
→ Inwieweit waren Gesprächsverlauf und -ergebnis für die Beteiligten zufriedenstellend?

Abb. 6: Wichtige Gesichtspunkte bei einer reflexiven Gesprächsnachbereitung, Quelle: vgl. Faust 2014b, S. 140

Anknüpfungspunkte zur Diskussion weiterer „Orte" der Ethik sind offenkundig; dies mit der Zielsetzung, frühzeitig Missstände, Skandale und tragisches Heldentum von Arbeitnehmern zu vermeiden. Beispiele solcher Ansatzpunkte liegen etwa in der Führungs- und Organisationskultur sowie im Thema Corporate Governance. Denn Individualethik hat auf Dauer kaum Chancen, wenn sie in einem grundlegenden Widerspruch zur herrschenden Kultur und zu den Rahmenbedingungen steht (vgl. Noll 2013, S. 92 ff.).

Die letzte Unterrichtsphase dient der abschließenden Reflexion und Festigung des Lernerfolgs. Dies kann beispielsweise anhand des Whistleblowing-Beziehungsgeflechts (vgl. Abbildung 2) erfolgen. Insbesondere auch nach einem Praxiskontakt bzw. Whistleblowing-Rollenspiel sollten evaluativ-reflexive Nachbereitungen im Plenum erfolgen. Eine Auswahl möglicher Fragen für solche abschließenden Unterrichtseinheiten zeigt die Abbildung 6.

3.6 Zusammenschau

Generell sollten sich Whistleblowing-Unterrichtsmaterialien, wie angesprochen, durch einen konkreten Bezug zu der (komplexen) Wirtschafts- und Unternehmenspraxis auszeichnen.

Doch es fragt sich, inwieweit entsprechend gehaltvolle Materialien tatsächlich zur Verfügung stehen. Selbst in wichtigen betriebswirtschaftlichen Lehrbüchern sind Themen aus dem Bereich der Wirtschafts- und Unternehmensethik eher dünn gesät (vgl. Küpper/Schreck 2008, S. 74).

Noch dürftiger sieht es hierzulande bezüglich praxisbezogener Lehr- und Lernmaterialien aus. Insoweit wurde einer der ersten Impulse durch die Veröffentlichung „Ethik in Wirtschaft und Gesellschaft" (vgl. Ulrich et al. 1996) gesetzt. Eine neuere Publikation von Thomas Retzmann und Tilman Grammes (vgl. Retzmann/Grammes 2014) greift diese Idee auf und führt sie unter aktuellen Vorzeichen fort.

Fallbeispiele aus unterschiedlichen kulturellen Kontexten.

Literaturhinweise sowie Adressen für eine zielgerichtete Online-Recherche.

Einschlägige **Rechtsnormen** des Individual- und des Kollektivarbeitsrechts.

(Internet-)Adressen zum Aufbau eines entsprechenden **Praxiskontakts.**

Unternehmensethische Fallsituationen für eine **Dilemma-Diskussion.**

Situations- und Rollenkarten für ein strukturiertes Whistleblowing **Rollenspiel.**

Diskussionsfragen für eine abschließende Reflexion und Sicherung des Lernerfolgs.

Abb. 7: Unterrichtsmaterialien zum Thema Whistleblowing (Auswahl), Quelle: vgl. Faust 2014a, S. 95

In diesem Sinne zeigt Abbildung 7 einen zusammenfassenden Überblick über die Materialien, welche bei einem fundierten und praxisorientierten Unterricht zum Thema Whistleblowing zum Einsatz kommen können. Darüber hinaus sind die aufgezeigten Voraussetzungen sowohl auf Seiten der Lehrenden als auch auf Seiten der Lernenden zu berücksichtigen.

Einiges spricht dafür, dass dann die Weichen für einen motivierenden, innovativen und gehaltvollen Wirtschafts- und Unternehmensethik-Unterricht gestellt sind.

4 Fazit und künftige Herausforderungen

Tugend- und individualethische Aspekte erleben seit einiger Zeit in der Wirtschafts- und Unternehmensethik einen ungeahnten Aufschwung. Fähigkeiten des Mitfühlens, intuitive Moralvorstellungen und das Wechselspiel von Egoismus und Altruismus werden hierbei zunehmend in den Blickpunkt des Interesses gerückt (vgl. Lenz 2008, S. 111).

Zurückzuführen ist dies in nicht unbedeutendem Maße auf Erkenntnisse der Neurobiologie in den letzten Jahren. Hierbei werden insbesondere auch (frühkindliche) psychische und ethische Prägungen fokussiert, die wesentlich durch Erziehung und Erfahrung gebildet werden (vgl. Küpper 2006, S. 70). Und eben diese Erziehung und Erfahrung sind in vielen Fällen für Whistleblower Ausschlag gebend, so dass sie mutig und um eines höheren Gutes willen gegen ihre primären persönlichen Interessen handeln.

Bereits aus dem Eingangszitat von Schopenhauer geht hervor, dass nicht nur die Klugheit sondern vor allem auch der Mut zum wahren Glück des Menschen beitragen kann. Unlängst hat aber z. B. auch eine Ausgabe der Zeitschrift Führung + Organisation die Themen „Mut in Organisationen" und „Whistleblowing" explizit in ihren Blick genommen. Dies vor allem aus der Erwägung heraus, dass Besitzstände es oft verhindern, dass von Mut getragene und auf Innovation gerichtete Entscheidungen getroffen werden (vgl. Schewe 2015, S. 381).

Im Rahmen einer umfassenden Organisationsethik-Topologie (vgl. Abbildung 8) wird deutlich, dass Whistleblowing mindestens in zweierlei Hinsicht eine besonders exponierte Thematik im Wirtschafts- und Unternehmensethik-Unterricht sein kann:

- Zum einen, weil es um einen besonders „harten" Akt der Individualethik geht. Denn insbesondere externes Whistleblowing zielt meist auf ein konsequentes Entweder-oder oder gar ein Alles-oder-nichts.
- Und zum anderen, weil Whistleblowing oft eine höchst prekäre Grenzüberschreitung von der Innen- zur Außenwelt von Unternehmen und anderen Organisationen bedeutet (vgl. Faust 2008, S. 257).

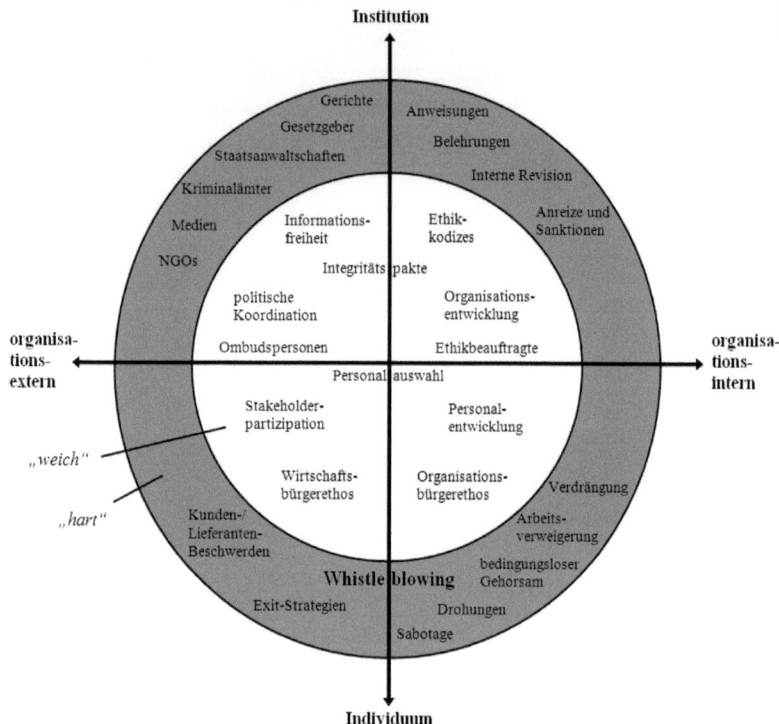

Abb. 8: Whistleblowing im Rahmen einer Organisationsethik-Topologie, Quelle: in Anlehnung an Faust (2008), S. 258

Insgesamt kann Whistleblowing ein sehr fruchtbares Themenfeld im Wirtschafts- und Unternehmensethik-Unterricht sein – auch deswegen, weil es den didaktischen Prinzipien der Kontextualität, Historizität, Komplexität und Kontroversität (vgl. Retzmann 2005, S. 14 f.) in besonderer Weise Rechnung trägt.

Generell mehren sich die Stimmen, welche eine praxisbezogene unternehmensethische Bildung als Pflichtprogramm einfordern, um normative Aspekte in Wirtschaft und Unternehmen nachhaltig zu verankern (vgl. Schreyögg 2008). Allein das „Einpauken" abstrakter Ethiktheorien reicht in diesem Zusammenhang bei weitem nicht aus (vgl. Leisinger 2008b, S. 46). Allerdings stehen insoweit eingehende empirische Wirkungsanalysen noch aus – sie sind nach wie vor ein Desiderat.

Die Whistleblowing-Thematik ist für alle am Unterricht Beteiligten herausfordernd und anspruchsvoll: Bei den Lehrenden erfordert sie Engagement, Erfahrung und Sensibilität sowie eine gute (formale und inhaltliche) Vorbereitung. Dies kann durch entsprechende Unterrichtsmaterialien wirkungsvoll gestützt werden. Und bei den Lernenden ist ein hohes Maß an Motivation, Reflexions- und Abstraktionsfähigkeit gefordert. Dies ist am ehesten dann anzunehmen, wenn bereits in einer früheren Phase der Sozialisation ein Fokus auf die moralische Erziehung gelegt wurde (vgl. Göbel 2006, S. 279). Unter diesen Voraussetzungen können sich die Anstrengungen in der Tat lohnen und Whistleblowing zu einem wichtigen Baustein in wirtschafts- und unternehmensethischen Curricula werden.

Rein punktuelle Lehrveranstaltungen sind indes nur begrenzt Erfolg versprechend. Daher sind zusätzlich auch kontinuierliche Ethik-Fortbildungen anzuraten. So hatte schon Aristoteles erkannt (vgl. Aristoteles 1960), dass Tugenden sich am besten früh und vor allem durch stetige Einübung herausbilden – eine Einübung, die an praktischen und lebensnahen Situationen orientiert ist.

Fragen zur Übung und Vertiefung

1
Was ist unter dem Begriff „Whistleblowing" zu verstehen?

2
Schildern Sie einen aktuellen Whistleblowing-Fall. Worum geht es bei diesem Fall, welche Konflikte sind dabei entstanden?

3
Wie wird Whistleblowing in Deutschland generell gesehen? Inwieweit unterscheidet sich diese Sichtweise von den USA?

4
Wie sieht der Ablauf von (internem und externem) Whistleblowing idealtypisch aus?

5
Was sind Merkmale von legitimem Whistleblowing? Und welche Merkmale sprechen eher gegen die Legitimität von Whistleblowing?

6

Beschreiben Sie die vier Prinzipien wirtschaftsethischer Bildung.

7

Zeigen Sie wesentliche Ziele des Unterrichts zum Thema Whistleblowing auf.

8

Was sind wichtige Lernvoraussetzungen hinsichtlich des Unterrichtsthemas Whistleblowing?

9

Welches sind wesentliche Lehrvoraussetzungen für einen guten Wirtschaftsethik-Unterricht?

10

Nennen Sie Materialien, die beim Unterricht zum Thema Whistleblowing eingesetzt werden können.

11

Wie sieht der idealtypische Ablauf des Unterrichts zum Thema Whistleblowing aus?

12
Zeigen Sie wesentliche Zukunftsperspektiven des Wirtschafts- und Unternehmensethik-Unterrichts auf.

Viel Spaß und Erfolg beim Lösen der Aufgaben!

Lösungshinweise zu den Fragen

Zu 1:
Vgl. hierzu vor allem den Abschnitt 2.1.

Zu 2:
Details zu solchen aktuellen Fällen sind beispielsweise der (Wirtschafts-)Presse sowie dem Internet zu entnehmen, etwa der Website des Whistleblower-Netzwerks. Darüber hinaus ist Whistleblowing zu einem Thema verschiedener Spielfilme geworden, z. B. in „Silkwood", „Der Insider" und „Erin Brockovich".

Zu 3:
Vgl. vor allem den Abschnitt 2.4. Aber: Beachten Sie auch die oft harsche Kritik in den USA am Whistleblowing des Edward J. Snowden.

Zu 4:
Vgl. insbesondere den Abschnitt 2.3.

Zu 5:
Vgl. hierzu insbesondere den Abschnitt 2.5.

Zu 6:
Laut Retzmann zählen hierzu vier Prinzipien – Kontextualität, Historizität, Komplexität und Kontroversität. Zu den Details vgl. insbesondere Abschnitt 3.1.

Zu 7:
Vgl. insbesondere den Abschnitt 3.2 sowie die Übersicht in Abbildung 5.

Zu 8:
Vgl. hierzu den Abschnitt 3.3.

Zu 9:
Vgl. insbesondere den Abschnitt 3.4.

Zu 10:
Vgl. hierzu die Abschnitte 3.5 und 3.6 sowie den zusammenfassenden Überblick in Abbildung 7.

Zu 11:
Vgl. die Ausführungen in Abschnitt 3.5.

Zu 12:
Vgl. hierzu vor allem das Kapitel 4. Weitere aktuelle Perspektiven können z. B. recherchiert werden auf der Website der DeGöB Deutschen Gesellschaft für ökonomische Bildung. Auch die GPJE Gesellschaft für Politikdidaktik und politische Jugend- und Erwachsenenbildung stellt entsprechende Fachinformationen im Internet zur Verfügung.

Literaturhinweise

Altenburg, Johannes (2008): Whistleblowing – Korruptionsbekämpfung durch Business Keeper Monitoring Systems? In: Bucerius Law Journal. Nr. 1/2008, S. 3-8.

Aristoteles (1960): Nikomachische Ethik, Werke Band 6, 2. Auflage, Darmstadt.

Borrie, Gordon J. (1996): Blowing the Whistle: Business Ethics and Accountability. In: Political Quarterly, Nr. 2/1996, S. 141-150.

Bultmann, Antje (1997): Auf der Abschußliste: wie kritische Wissenschaftler mundtot gemacht werden sollen, München.

Bundeskriminalamt (Hrsg.) (2014) Wirtschaftskriminalität. Bundeslagebild 2014, Wiesbaden.

DeGöB (Hrsg.) (2004): Kompetenzen der ökonomischen Bildung für allgemeinbildende Schulen und Bildungsstandards für den mittleren Schulabschluss, Köln.

DeGeorge, Richard T. (1993): Whistle-blowing. In: Enderle, Georges et al. (Hrsg.): Lexikon der Wirtschaftsethik, Freiburg et al, S. 1275-1278.

Deiseroth, Dieter (2004): Zivilcourage am Arbeitsplatz – „Whistleblowing". In: Meyer, Gerd et al. (Hrsg.): Zivilcourage lernen, Bonn, S. 124-135.

Deiseroth, Dieter/Falter, Annegret (2002): Zivilcourage im BSE-Skandal – und die Folgen, Berlin.

Faust, Thomas (2006): Organisationskultur und Ethik: Perspektiven für öffentliche Verwaltungen, Berlin (Nachdruck).

Faust, Thomas (2007): Wandel der Verwaltungen – Wandel der Ethikkonzepte. Zur Philosophie öffentlichen Handelns. In: Verwaltung & Management, Nr. 6/2007, S. 327-330.

Faust, Thomas (2008): Verwaltungsethik in der Praxis – „Harte" und „weiche" Gesichtspunkte. In: Zeitschrift für Wirtschafts- und Unternehmensethik, Nr. 2/2008, S. 244-262.

Faust, Thomas (2009a): Verwaltung zwischen Transparenz und dienstlicher Diskretion. In: innovative Verwaltung. Nr. 4/2009, S. 22-24.

Faust, Thomas (2009b): Vom aktivierenden zum aktivierten Staat? Lobbying zwischen Korruption und Kooperation. In: Verwaltung & Management, Nr. 5/2009, S. 251-260.

Faust, Thomas (2013): Innovation und praxisorientierte Verwaltungsethik. In: Lück-Schneider, Dagmar/Kirstein, Denis (Hrsg.): Verwaltungsethik – Selbstverständnis und Themenfelder in Lehre, Forschung und Praxis an den FHöD. Berlin, S. 87-103.

Faust, Thomas (2014a): Whistleblowing – Verrat oder verantwortliches Handeln? Chancen und Risiken der Individualethik im Beruf. In: Retzmann, Thomas/Grammes, Tilman (Hrsg.): Wirtschafts- und Unternehmensethik. 15 Bausteine für die ökonomische und gesellschaftspolitische Bildung, Schwalbach/Ts., S. 95-114.

Faust, Thomas (2014b): Compliance-Management – ein Patentrezept gegen Korruption? Unternehmerischer Kampf gegen Bestechung und Bestechlichkeit. In: Retzmann, Thomas/Grammes, Tilman (Hrsg.): Wirtschafts- und Unternehmensethik. 15 Bausteine für die ökonomische und gesellschaftspolitische Bildung. Schwalbach/Ts., S. 133-158.

Göbel, Elisabeth (2006): Unternehmensethik. Grundlagen und praktische Umsetzung, Stuttgart.

GPJE (Hrsg.) (2004): Anforderungen an Nationale Bildungsstandards für den Fachunterricht in der Politischen Bildung an Schulen. Schwalbach/Ts.

Graser, Daniela (2000): Whistle Blowing: Arbeitnehmeranzeigen im US-amerikanischen und deutschen Recht, Frankfurt am Main.

Haase, Michaela (2008): Wissensgrundlagen der Managementausbildung: Der Beitrag der Unternehmens- und Wirtschaftsethik zur Entwicklung der Kompetenzen von Business Schools und Universitäten. In: Scherer, Andreas Georg/Patzer, Moritz (Hrsg.): Betriebswirtschaftslehre und Unternehmensethik, Wiesbaden, S. 203-228.

Häntzschel, Jörg (2017): Nur Snowden macht noch Mut. In: Süddeutsche Zeitung vom 23.01.2017.

Hessisches Kultusministerium (Hrsg.) (2010a): Lehrplan Ethik. Gymnasialer Bildungsgang, Wiesbaden.

Hessisches Kultusministerium (Hrsg.) (2010b): Lehrplan Politik und Wirtschaft. Gymnasialer Bildungsgang, Wiesbaden.

Heymann, Dietrich von (1975): Ziele und Aufgaben kirchlicher Erwachsenenbildung. In: Kadelbach, Gerd (Hrsg.): Leben heißt Lernen. Konzepte der Erwachsenenbildung, Ravensburg, S. 58-68.

Homann, Karl/Blome-Drees, Franz (1992): Wirtschafts- und Unternehmensethik, Göttingen.

Hopmann, Benedikt (2012): Das Recht, Missstände bekannt zu machen. In: Heinisch, Brigitte/Hopmann, Benedikt (Hrsg.): Altenpflegerin schlägt Alarm. Hamburg, S. 13-33.

Horster, Detlef (2004): Gibt es einzig richtige moralische Entscheidungen? In: Archiv für Rechts- und Sozialphilosophie 90, S. 226-236.

Iwersen, Sönke (2016): Snowdens Geheimnis, in: Handelsblatt vom 07.09.2016.

Jubb, Peter B. (1999): Whistleblowing: A Restrictive Definition and Interpretation. In: Journal of Business Ethics 21, S. 77-94.

Kesselring, Thomas (2009): Handbuch Ethik für Pädagogen. Grundlagen und Praxis, Darmstadt.

Küpper, Hans-Ulrich (2006) Unternehmensethik. Hintergründe, Konzepte, Anwendungsbereiche, Stuttgart.

Küpper, Hans-Ulrich/Schreck, Philipp (2008): Unternehmensethik in Praxis, Forschung und Lehre – Status quo und Perspektiven im deutschsprachigen Raum. In: Zeitschrift für betriebswirtschaftliche Forschung, Sonderheft 58/08, S. 72-92.

Leisinger, Klaus M. (2003): Whistle blowing und Corporate Reputation Management, München und Mering.

Leisinger, Klaus M. (2008a): Whistle blowing: Zum konstruktiven Umgang mit Kritik, die »von innen« kommt. In: Löhr, Albert/Burkatzki, Eckhard (Hrsg.): Wirtschaftskriminalität und Ethik, München und Mering, S. 171-186.

Leisinger, Klaus M. (2008b): Zur Relevanz der Unternehmensethik in der Betriebswirtschaftslehre (oder: The Business of Business is still Business – But the Rules have Changed). In: Zeitschrift für betriebswirtschaftliche Forschung, Sonderheft 58/08, S. 26-49.

Lenz, Hansrudi (2008): Rationalität, Emotionalität und Moralität – Zur Begründung moralischer Normen. In: Zeitschrift für betriebswirtschaftliche Forschung, Sonderheft 58/08, S. 93-115.

Lind, Georg (2002): Ist Moral lehrbar? Ergebnisse der modernen moralpsychologischen Forschung, Berlin.

Lind, Georg (2009): Moral ist lehrbar. Handbuch zur Theorie und Praxis moralischer und demokratischer Bildung, 2. Auflage, München.

Lindbloom, Lars (2007): Dissolving the Moral Dilemma of Whistleblowing. In: Journal of Business Ethics 76, S. 413-426.

Löhr, Albert (2005): Was kann wirtschaftsethische Ausbildung leisten? In: Lungershausen, Helmut/Retzmann, Thomas (Hrsg.): Warenethik und Berufsmoral im Handel. Beiträge zur Innovation der kaufmännischen Bildung, Essen, S. 75-82.

MacIntyre, Alasdair C. (1981): After Virtue. A Study in Moral Theory, London.

Matten, Dirk/Palazzo, Guido (2008): Unternehmensethik als Gegenstand betriebswirtschaftlicher Forschung und Lehre – Eine Bestandsaufnahme aus internationaler Perspektive. In: Zeitschrift für betriebswirtschaftliche Forschung, Sonderheft 58/08, S. 50-71.

Miceli, Marcia P./Near, Janet P. (1984): The Relationship among Beliefs, Organizational Position, and Whistle-Blowing Status: A Discriminant Analysis. In: Academy of Management Journal 27, S. 687-705.

Miceli, Marcia P./Near, Janet P. (1991): Whistle-Blowing as an Organizational Process. In: Bacharach, Samuel B. (Hrsg.): Research in the Sociology of Organizations. Vol. 9, Greenwich, S. 139-200.

Miceli, Marcia P./Near, Janet P. (1992): Blowing the Whistle: the Organizational and Legal Implications for Companies and Employees. New York.

Nielsen, Richard P. (1987): What Can Managers Do About Unethical Management? In: Journal of Business Ethics 6, S. 309-320.

Nietsch, Cornelia (2013): Ethik-Kompass: Bausteine für nachhaltiges ethisches Verhalten in Unternehmen. In: Wirtschaftswissenschaftliches Studium, Nr. 1/2013, S. 44-47.

Noll, Bernd (2013): Wirtschafts- und Unternehmensethik in der Marktwirtschaft, 2. Auflage, Stuttgart.

Pieper, Annemarie (1994): Einführung in die Ethik, Tübingen.

Retzmann, Thomas (2005): Berufsmoralische Bildung kaufmännischer Auszubildender im Handel. Systematik des Curriculums und Systemik der Kasuistik. In: Lungershausen, Helmut/Retzmann, Thomas (Hrsg.): Warenethik und Berufsmoral im Handel. Beiträge zur Innovation der kaufmännischen Bildung, Essen, S. 9-18.

Retzmann, Thomas (2006): Didaktik der berufsmoralischen Bildung in Wirtschaft und Verwaltung. Eine fachdidaktische Studie zur Innovation der kaufmännischen Berufsbildung, Norderstedt.

Retzmann, Thomas/Grammes, Tilman (Hrsg.) (2014): Wirtschafts- und Unternehmensethik. 15 Unterrichtsbausteine für die ökonomische und gesellschaftspolitische Bildung, Schwalbach/Ts.

Salg, Björn (2008): Whistle-Blowing. In: Forum Wirtschaftsethik, Nr. 2/2008, S. 53-54.

Schewe, Gerhard (2015): Mut in Organisationen. In: Zeitschrift Führung + Organisation, Nr. 6/2015, S. 381.

Schläfli, André (1986): Förderung der sozial-moralischen Kompetenz. Evaluation, Curriculum und Durchführung von Interventionsstudien, Frankfurt am Main.

Schreyögg, Georg (2008): Unternehmensethik zwischen guten Taten und Korruption – Perspektiven für die Betriebswirtschaftslehre. In: Zeitschrift für betriebswirtschaftliche Forschung, Sonderheft 58/08, S. 116-135.

Schulz von Thun, Friedemann (1989): Miteinander reden. 2. Stile, Werte und Persönlichkeitsentwicklung, Reinbek bei Hamburg.

Ulrich, Peter (1997): Integrative Wirtschaftsethik. Grundlagen einer lebensdienlichen Ökonomie, Bern et al.

Ulrich, Peter (2003): Organisationsbürgerliche Zivilcourage in extremis. In: Zeitschrift für Wirtschafts- und Unternehmensethik, Nr. 2/2003, S. 232-235.

Ulrich, Peter et al. (Hrsg.) (1996): Ethik in Wirtschaft und Gesellschaft, Aarau.

Walzer, Michael (1983): Spheres of Justice. A Defense of Pluralism and Equality, New York.

Weibler, Jürgen/Feldmann, Marcel (2008): Whistleblowing – Der schmale Grat zwischen Bürgerpflicht und Denunziantentum. In: WiSt – Wirtschaftswissenschaftliches Studium, Nr. 9/2008, S. 505-507.

Wolf, Sebastian (2012): Korruption, Antikorruptionspolitik und öffentliche Verwaltung, Hagen.

Wolz, Matthias (Hrsg.) (2007): Whistle Blowing und Concern Management, Frankfurt am Main.

Zimmerli, Walther C./Aßländer, Michael S. (1996): Whistle-blowing. In: Gablers Magazin, Nr. 1/1996, S. 42-43.

Internet

Internet-Ressourcen zur Organisationsethik

Amnesty International
ist eine nichtstaatliche Organisation, die weltweit den Schutz der Menschenrechte fördern will.
www.amnesty.org

Business Crime Control
ist eine Plattform von Forschern und Journalisten, die sich gegen Wirtschaftskriminalität wendet.
www.businesscrime.de

Clean Clothes Campaign
ist eine internationale Organisation, die sich für faire, verbesserte Arbeitsbedingungen in der Textilindustrie einsetzt.
www.cleanclothes.org

Corporate Social Responsibility Europe
bildet ein Netzwerk aus Großunternehmen und Partnerorganisationen, das sich die Förderung von CSR zum Ziel gesetzt hat.
www.csreurope.org

Corporate Social Responsibility in Deutschland
ist eine Initiative der Bundesregierung unter Federführung des Bundesarbeitsministeriums zwecks Etablierung und Verbreitung von CSR.
www.csr-in-deutschland.de

CSR-News
ist eine Informationsplattform zu CSR-Themen, die vom Verein „Unternehmen Verantwortung Gesellschaft" getragen wird.
www.csr-news.net

Deutscher Werberat
versteht sich als ein Konfliktregelungsorgan zwischen werbenden Unternehmen in Deutschland und Beschwerdeführern aus der Bevölkerung.
www.werberat.de

Deutsches Netzwerk Wirtschaftsethik
ist eine NRO, die den Dialog zwischen Wissenschaft und Praxis zum Thema Unternehmensethik fördern will.
www.dnwe.de

EBEN European Business Ethics Network
ist ein internationales Netzwerk, das sich ethischen Herausforderungen in der globalisierten Wirtschaft zuwendet.
www.eben-net.org

European Fair Trade Association
ist ein Zusammenschluss von Unternehmen, die Waren aus fairem Handel importieren.
www.eftafairtrade.org

Fairness Stiftung
ist eine gemeinnützige Organisation, die sich durch Beratung und Fortbildung für ein faires Wirtschaften engagieren will.
www.fairness-stiftung.de

Fair Trade Labelling Organizations International
fördert als Dachorganisation weltweit den fairen Handel durch Setzung und Kontrolle von Standards sowie durch die Vergabe des Fairtrade-Siegels.
www.fairtrade.net

Foodwatch
hat sich zur Aufgabe gesetzt, die Lebensmittelqualität zu verbessern und die Verbraucher aufzuklären.
www.foodwatch.de

Freiwillige Selbstkontrolle der Filmwirtschaft
ist eine Organisation der deutschen Filmwirtschaft, welche die Altersfreigabe von öffentlich zugänglichen Filmen und ähnlichen Medien prüft.
www.fsk.de

Gesellschaft für Politikdidaktik und politische Jugend- und Erwachsenenbildung
ist eine Vereinigung von Wissenschaftlern, die sich die Förderung der (außer-)schulischen politisch-gesellschaftlichen Bildung zum Ziel gesetzt hat.
www.gpje.de

Global Reporting Initiative
fördert eine transparente und vergleichbare Nachhaltigkeitsberichterstattung von Staat, Unternehmen und NROs.
www.globalreporting.org

International Labor Organization
ist eine Sonderorganisation der Vereinten Nationen, die Normen zu humanen Arbeitsbedingungen erarbeitet und die Einhaltung der Menschenrechte fördert.
www.ilo.org

International Organization for Standardization
hat u. a. eine „Guidance on social responsibility" (ISO 26000) entwickelt, die CR standardisieren soll.
www.iso.org

Lohas
ist eine Verbraucherbewegung, die sich für einen gesundheitsbewussten und sozial-ökologisch orientierten Lebensstil einsetzt.
www.lohas.de

MEM
ist eine Denkfabrik, die praxisbezogene Impulse zu wirtschafts- und unternehmensethischen Themen geben möchte.
www.mem-wirtschaftsethik.de

Netzwerk Recherche
ist eine Journalisten-Vereinigung, die sich für eine Fortbildung und Unterstützung investigativer Journalisten engagiert.
www.netzwerkrecherche.org

OLAF
ist ein Amt der Europäischen Kommission, das Betrugsfälle bekämpft, welche die EU schädigen.
www.ec.europa.eu/anti_fraud

Organisation for Economic Co-Operation and Development (OECD)
hat u. a. Leitsätze zur Verantwortlichkeit von multinationalen Unternehmen entwickelt.
www.oecd.org

Projekt ethos
ist ein fachdidaktisches Vorhaben, das Unterrichtsbausteine zur Wirtschafts- und Unternehmensethik entwickelt hat.
www.ethos-wirtschaft.de

Rat für Nachhaltige Entwicklung
besteht aus Personen des öffentlichen Lebens, welche die deutsche Bundesregierung beraten; er erstellt Empfehlungen für Unternehmen und Konsumenten.
www.nachhaltigkeitsrat.de

Regierungskommission Deutscher Corporate Governance Kodex
ist ein Gremium, das Empfehlungen zur Führung und Überwachung deutscher börsennotierter Unternehmen erarbeitet.
www.dcgk.de

Rugmark
ist eine Initiative gegen illegale Kinderarbeit in der Teppichindustrie; sie vergibt ein Qualitätssiegel.
www.rugmark.net

Social Accountability International
ist eine NRO, die den Sozial- und Arbeitsstandard SA8000 gesetzt hat und seine Einhaltung kontrolliert.
www.sa-intl.org

Stiftung Weltethos
wurde von dem Theologen Hans Küng gegründet, um weltweit Bewusstsein für Werte und ein respektvolles Miteinander zu schaffen.
www.weltethos.de

TransFair
ist ein gemeinnütziger Verein zur Unterstützung des fairen Handels mit der so genannten Dritten Welt.
www.transfair.org

Transparency International
ist eine NRO, die sich weltweit der Bekämpfung von Korruption verschrieben hat.
www.transparency.org

UN Global Compact
ist ein Netzwerk der Vereinten Nationen mit Organisationen, die sich zur Einhaltung von sozialen und ökologischen Mindeststandards verpflichtet haben.
www.unglobalcompact.org

UN Principles for Responsible Management Education
ist eine Initiative des UN Global Compact zur stärkeren Integration der Wirtschafts- und Unternehmensethik in die Lehre und Forschung.
www.unprme.org

Verbraucherzentrale Bundesverband
ist die Dachorganisation der 16 deutschen Verbraucherzentralen und weiterer Verbände aus dem Bereich des Konsumentenschutzes.
www.vzbv.de

Whistleblower Netzwerk
ist ein gemeinnütziger Verein, der Beratung und Unterstützung für (potenzielle) Whistleblower bieten will.
www.whistleblower-net.de

World Resources Institute
versteht sich als eine Ideenschmiede zur Förderung nachhaltiger Entwicklungsprozesse.
www.wri.org

Stichworte

Stichworte

Stichworte

Stichworte

Stichworte

Stichwortverzeichnis

Balanced Scorecard..35
Behavioral Business Ethics...57
Berichtswesen..74, 81
Berufsethos...61, 78, 138
Bribe Payers Index..71f.
Bundeskriminalamt...70, 103
Compliance...29, 47, 50, 74, 140
Controlling.............................24ff., 31ff., 35f., 45, 75, 79ff.
Corporate Social Responsibility.................................36, 103
Corruption Perceptions Index....................................71f., 74
Curriculum...102, 134, 136, 147
Dilemma......57, 101, 106, 121, 125, 128ff., 133, 137ff., 143
Diskurs.................................26, 28, 48, 50, 60, 79, 106, 136
Dunkelziffer...40, 103
Ethik.......25ff., 32ff., 81f., 105ff., 117, 122ff., 132ff., 139ff.
Ethik-Hotline...50, 67, 124
Ethik-Unterricht..................101ff., 125ff., 129, 136f., 144ff.
Global Reporting Initiative...73
Hellfeld...40, 103
Hinweisgebersystem...50, 124, 140

Historizität..127, 146

Integrated Reporting......................................74, 81

Integrative Wirtschaftsethik..............................28

Integrität....23f., 27ff., 35ff., 44ff., 49, 55f., 58, 61, 67f., 73, 75, 77f., 81f.

Integritätscontrolling.................33ff., 45, 48, 53, 72ff., 82ff.

Integritätsdefizit........................23f., 37ff., 45, 48, 59, 61, 68

Integritätsentwicklung....................24, 46, 49f., 59

Integritätstraining...52, 74

Interessenkonflikt.................................41, 65, 130

Kommunitarismus...103

Komplexität..................46, 74, 116, 121, 128, 146

Kontextualität...126, 146

Kontroversität.............................106, 114, 129f., 146

Korruption...34, 39ff., 54, 70ff., 85, 91f., 95, 97f., 103, 109, 123

Legitimität.................23, 34, 43, 81f., 103, 119, 123

Medien....................42, 60, 68, 71, 108, 112, 132ff.

Meinungsfreiheit..116f.

Nachhaltigkeit......................36, 74, 80, 103f., 147

Nebentätigkeit..41, 48, 65

Neurobiologie..57, 144

Nichtregierungsorganisation.........68, 71, 112, 118, 134, 140

Objektivität...77

Ökonomische Ethik .... 27f.
Ombudsperson .... 50, 67, 116, 124, 140f.
Organisationsentwicklung 24, 45f., 50, 53
Organisationskultur 42, 82, 142
Performance Measurement. .23f., 36f., 45, 53, 61, 66, 70, 73
Personalauswahl 51, 59
Personalentwicklung .... 45, 52f.
Praxiskontakt .... 133, 139ff.
Rahmenordnung 27, 31, 41, 67, 140
Rationalitätssicherndes Controlling 26, 28
Reflexionsorientiertes Controlling 26, 28
Reliabilität .... 76f.
Risikoanalyse 46, 48
Risikomanagement 45f., 124
Rollenspiel .... 133, 137, 140, 142f.
Selbstmanagement .... 55, 59f.
Service Learning .... 52f.
Sponsoring 48, 55
Stakeholder 30, 36, 46, 50
Täterprofil .... 62ff.
Tugend 56, 147
Unternehmensethik. 24, 27, 29, 33, 57, 81, 85, 91, 94f., 97f.,
101f., 104ff., 125ff., 135ff., 143f., 147
Utilitarismus 28

Validität..76ff.

Verhaltenskodex..48, 56, 103

Wertrationalität...26, 60, 78ff.

Whistleblowing.........67, 101f., 104, 106ff., 113ff., 125, 127, 132ff., 136ff.

Wirtschaftsliberalismus...28

Zivilcourage..57, 108, 112

Zivilgesellschaft...................................24, 42, 50, 57, 68, 103

Zweckrationalität...............................26, 28, 32, 55, 59, 78ff.

Quelle: eigene Illustration

Der Autor

Dr. rer. pol. Thomas Faust, Jahrgang 1963, ist Wissenschaftliches Mitglied der Kueser Akademie für Europäische Geistesgeschichte. Außerdem ist er Fachjournalist und hat zahlreiche Beiträge zu den Themenfeldern Organisationsethik und Corporate Governance publiziert. Die Lehr- und Forschungsschwerpunkte des Autors umfassen vor allem die Bereiche
- Compliance, Wirtschafts- und Unternehmensethik
- Personal- und Organisationsentwicklung
- Nachhaltigkeits- und Integritätscontrolling
- Verwaltungsmodernisierung und Ethik im öffentlichen Dienst.

E-Mail: tf100(at)gmx.net
Internet: de.wikipedia.org/wiki/Thomas_Faust
(Stand: 04.03.2017)

**Vom selben Autor
in dieser Buchreihe erschienen:**

Compliance und Korruptionsbekämpfung

Beiträge und Übungen
zur Organisationsethik
(Band 1)

2. Auflage

Norderstedt 2016

Print-Book: 26,99 Euro (DE)
ISBN: 978-3-7412-4285-4

E-Book: 19,99 Euro (DE)
ISBN: 978-3-7431-6916-6